雪が舞う砂漠をラクダとともに行く

砂漠ではめずらしい樹氷

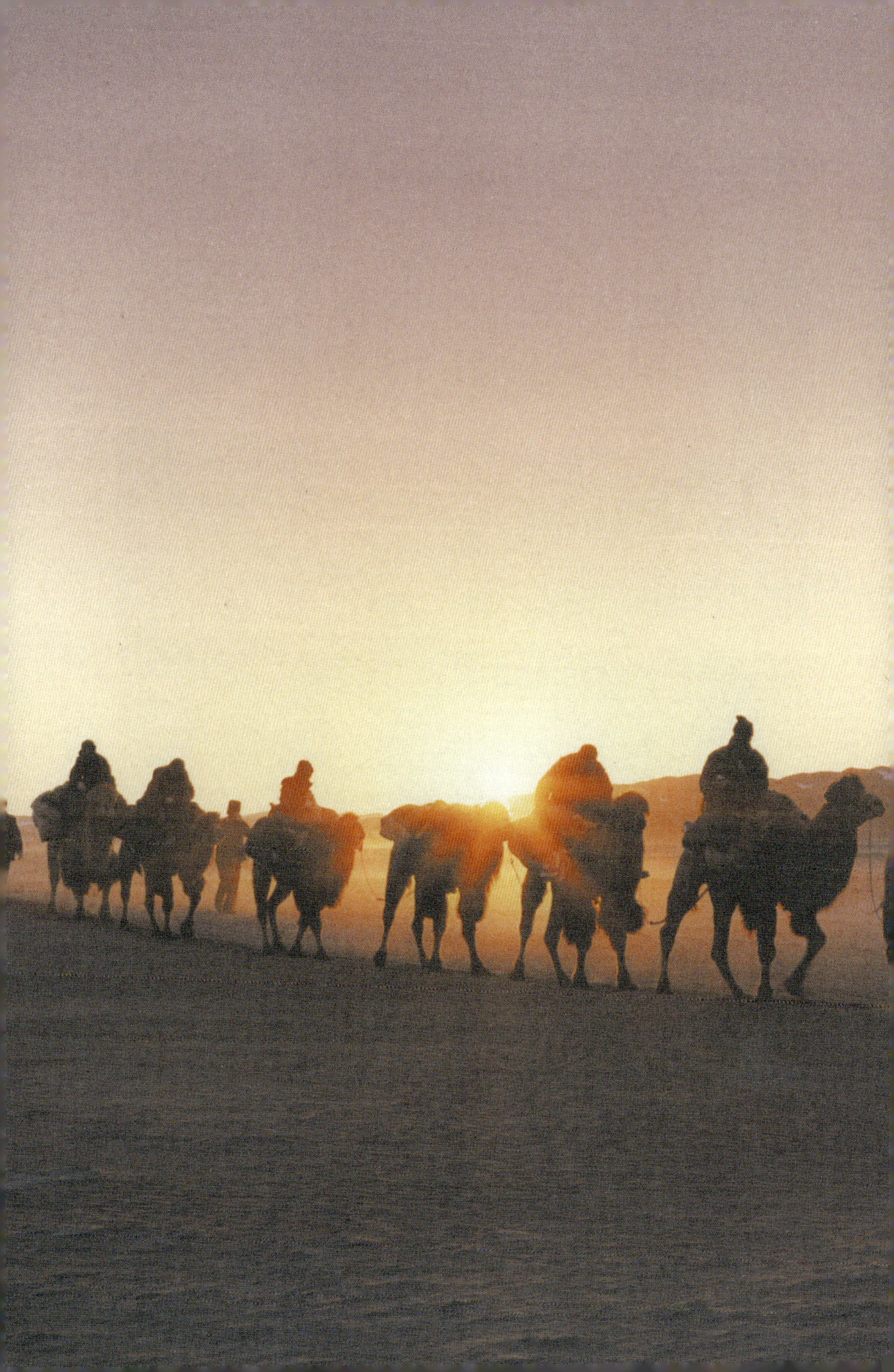

終点目前で一息つく。髪もひげも伸び放題

秘境クラマカン砂漠を行く

坂東招造

Bando Shozo

青山ライフ出版

ロプノール湖
タクラマカン砂漠
中国

秘境タクラマカン砂漠を行く

坂東　招造

― 目次 ―

第5章　水の神様のお通り……159

—1999（平成11）年—

ロプノール砂漠を四輪駆動車で走行

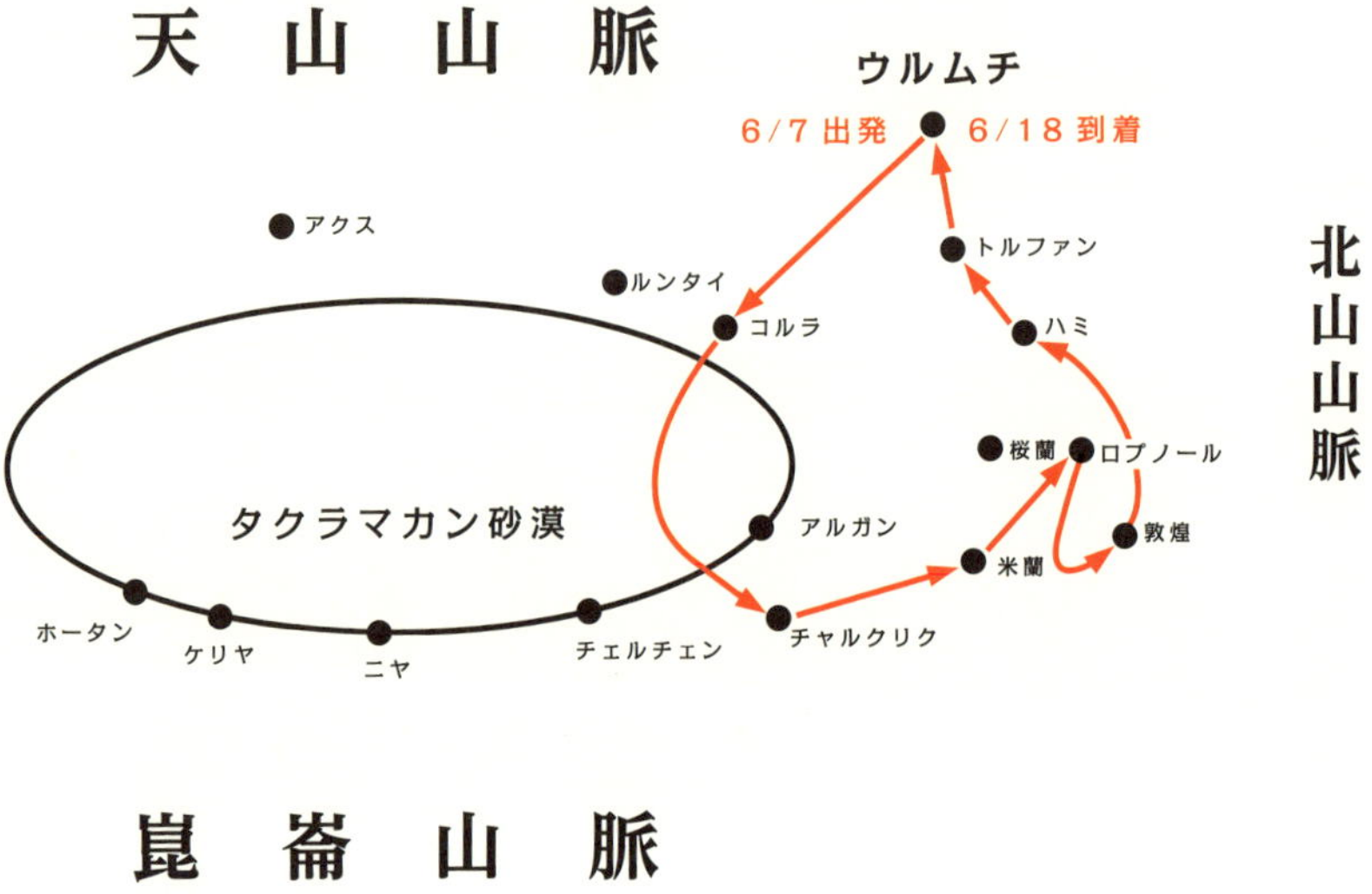
天山山脈
ウルムチ
6/7 出発
6/18 到着
アクス
ルンタイ
コルラ
トルファン
ハミ
北山山脈
桜蘭
ロプノール
敦煌
米蘭
アルガン
タクラマカン砂漠
ホータン
ケリヤ
ニヤ
チェルチェン
チャルクリク
崑崙山脈

第1章

幻の〈さまよえる湖〉を訪ねて

〝一度入ったら出られない〟灼熱の大砂漠

民間人による「ロプノール砂漠四輪駆動車で横断」

1999（平成11）年の1月8日、北海道新聞の朝刊には、「民間人による〝ロプノール〟砂漠横断の参加者募集」という記事が掲載された。兵庫県尼崎市の成田正次さんが「ロプノール探検隊員を一般募集している」という。

中国と地中海世界を結ぶ雄大な交易路〝シルクロード〟と、中央アジアのタクラマカン砂漠に関心を持つ私は、その記事に釘付けとなった。〝シルクロード〟の名を覚えたのは尋常高等小学校の時だ。往古への探検は、およそ六〇年にわたる少年の頃からの夢である。

……行ってみたいが、高齢者の身で砂漠の旅の参加が認められるかどうか。

現在の中国新疆ウイグル自治区にあるタクラマカン砂漠の名の由来は、ウイグル語の「タッキリ（死）」「マカン（無限）」で、「死の世界」「永遠に生命が存在し得ない場所」という意味だ。「一度入ったら出られない地獄」とも言われている。

また、「ロプノール」はそんな砂漠の秘境の奥地にかつて存在したといわれている伝説の〈さまよえる湖〉である。

私は数年前から白内障を病んでいたが、手術により視力は回復し、健康状態は体重・栄養・血圧・心電図・胸部X線等々すべて異常はなく、身体上も頑健だ。何十年と日々続けてきた「居合道」の鍛錬により、咄嗟の判断と瞬発力、長時間に及ぶ耐久性もある。

しかし、多数の人たちに参加を呼びかける「団体旅行」では、私のような〝七三歳の高齢者〟を相手にしてくれるかどうか。

まあ、〝ダメモト〟でよいからと、一応の問い合わせをしたところ、

「――本隊には医師は同行せず、命の保証はできません。貴方の身体は自身が管理をして下さい。日本にいては想像もつかない欠乏と困難があるため、そうした局面を覚悟し、打ち勝つだけの強い体力と気力に自信があるようでしたら、参加申し込みを受諾します」

という、思いがけない〝朗報〟が返ってきた。

相手側の寛大過ぎる応対に（本当に大丈夫かな……）と、不安がないこともなかったが、長年くすぶりつづけた私の〈小さな火山〉の炎のほうが勝っていた。

〝一度入ったら出られない〟死の砂漠や、〝雲を突き空を塞ぐ〟天山山脈の連なりを超えて行く気力体力を確信していたのではないが、この機会を逸すれば〝はるかな夢〟はさらに遠のいてやがて雲散霧消してしまうだろう。

――そう考えると、老人が子供にかえって、「危険な探検」の勝算などはどうでもよくなり、送られてきたロプノール探検隊の誓約書と家族の同意書にサインをした。

申込書を投函した日、「お父さんは6月に中国へ行って来るよ」と打ち明けると、妻のツヤ子は一瞬驚いたが「お父さんが若い時から希望を持っていたところだから行っておいで」と明るい表情で快諾してく

れた。長年の私の夢を傍でわかっていてくれたことがうれしかった。

後日、隊長の成田正次さんにお会いすると、彼はヒゲだらけ、私も白髪のヒゲだらけ。風来坊さながらの成田さんは大陸的な雰囲気のある人で、いかつい顔の中で目だけキラキラ光っている。彼は強い力で握手を求め、「お会いして、安心しました。坂東さん、なかなか、やりそうですね！」と言ったものである。

その年の初夏、１９９９年6月、私はついに中国に〝さまよえる湖〟として有名な「ロプノール」付近の砂漠地帯と、仏教壁画で有名な敦煌莫高窟《ばっこうくつ》などを訪ねて一カ月にわたる危険と隣り合わせの古代探検の旅へ出かけて行くことになった。

砂漠の大気の温度は40度～45度、地表温度は60度～70度となり、その幅射熱の際限ない照り返し。そこに立っているだけで、飛び上がるような暑熱と脱水で全身至るところ〝灼熱の地獄〟に煽られる。

旅立ちを前に、私は自分でも出来る限りの知識・情報の収集に努め、この付近の地理、地名、気候、風土、農・工・商、民族、社会風習等について詳しく知りたいと北海学園北見大学の大前博亮教授を訪ねたが、その後、現地に行ってからは大前先生から受けた懇切な教えが至るところでさまざまに役立った。

文明よさらば、はるか彼方は雪の天山

１９９９年6月5日。午後3時頃、関空ホテルで参加者全員がそろい、初めての顔合わせ。札幌の田中さん、恵庭の高田さん、成田隊長の三人とは、事前に札幌でお目にかかっていた。

成田さんの呼びかけで全員自己紹介を行い、出国の手続きを済ませて、午後5時30分離陸。機内のテレ

ビは言葉が分からず、画面を見るだけ。途中、大連で一旦着陸し、午後7時30分機内より出て、全員入国手続きを済ませ、午後8時20分大連から北京へ向かう。飛行中、飲み物のサービスがあり、客室乗務員は皆若く、美しい。北京へは午後11時20分着、関空から北京までは三時間五〇分、ホテル到着は午後11時半頃であった。

成田隊長の先導で中華飯店にて会食、一同華やかにビールで乾杯。明朝は7時起床、8時15分出発。私の部屋は恵庭の高田さんと同室だった。

6月6日。旅の興奮か、熟睡できなかった。外に出ると、どこからともなくカッコーの鳴き声が聞こえてきた。この日北京からウルムチへ飛行機で移動する。離陸一時間後、機内サービスの飲み物が配られ始める。言葉が分からない私は、隣席の若者のビールを指さし「これ、くれ」と言うと、客室乗務員さんに取り次いでくれた。お互い顔を見合わせてニッコリ。ビールの酔いにまかせ、手まね、足まね、絵や地図まで描いて話しはじめる。私は日本人で北海道よりウルムチへ行くと話すと、若者は天津よりウルムチへ会社の仕事で行くとのこと。機内で写真を撮り送ってあげることにした。親しみやすい感じのよい青年だった。

夜はウルムチ台湾飯店で、日本人側（探検隊員）と中国人側との「親善懇親会」。ホテルに戻って、到着の挨拶のハガキ「二〇人分」書く。思いのほか時間がかかる。

6月7日。いよいよ、今日から文明社会ともお別れである。天山山脈を越え、タクラマカン砂漠、ロプ砂漠へと至る待望の「シルクロード、ロプノール行き」がはじまる。

ウルムチを午前8時30分出発。私は第4号車で、同乗者は運転手の中国人・馬さん、高田、小武、川村、坂東の五人だ。ランドクルーザーは五台で、サポートトラックは十トン車（ガソリン・水・食料・テントその他）。一人当たりの水、一日五〇〇CC二本支給。……どんな困難が待ち受けているか、行く手には予想外のトラブルが発生するかもしれぬ。

医師は同行せず。一般の医薬品はサポートトラックに用意し、身体・生命の損傷については保証できないため、「各人で自分を守るように」との指示が改めてあった。

しかし、まずは快適なスタートで、道路はアスファルト、片側二車線。二時間ぐらい走行して、砂漠地帯に入る。左側に壮大なボグダー山脈が遠くに見えてくる。

カメラは届かないので三枚ほどスケッチした。現在走行高度は八九〇メートル。石炭ケースが荷台から崩れ落ちそうな石炭輸送トラックが走っている。途中、何台も故障したトラックが停止している。車は老朽化しているものがほとんどである。

進行方向の左側に、だんだんとボグダー山脈の主峰の姿が見えてくる。ボグダー山は五四四五メートルの高さだったと思う。山は積雪で真っ白。さらに三時間ほど走行して行くと、はるか彼方に天山山脈の山容がかすかに見え始める。

――広い広い………の一言に尽きる。我々はこれより天山のテレク峠を越えるのである。

急峻な峠は我々の車の通過を拒否するかのように大変難行な道路だ。今にも大きな岩が崩れ落ちそうな危険な所が次々にあらわれ、大型トラックが何台もエンコしている。平坦な道路しか走行していない我々には到底経験のなし得ないところである。

天山山脈は東西二〇〇〇キロ、南北四〇〇キロ、日本の本州がすっぽり入るほど大きいといわれる。我々

4号車の車はいよいよ、天山山脈の峠越えに入って行く。七重八重の折れ曲がった急坂がいつ終わるとも知れず続いていくと、途中、何台もの大型トラックが立ち往生している。天山山脈は山を越えてまた山が続く。止めどない山懐は益々深さを増すばかりである。幾重にも重なって展開する山容は終わりがなく、日本人には想像の域を超えたまさしく〈天の山脈〉であり、その頂きは鷲の冠のごとく純白の積雪に包まれている。

そびえ立つ山々、深く切り込んだ岩壁には一木一草もなく、生物の影さえ見当たらない。何物をも寄せ付けない神々の伝説の深遠なる厳しさは、それを目にした者でなければ表現のたとえようがない。岩壁と岩壁、山と山の重なりに、ただただ圧倒されるばかりだ。

　この辺りの砂漠は砂ではなく、〝ゴビ灘《タン》〟だ。中国の新疆ウイグル自治区に入ると、〝ゴビタン〟という言葉がよく使われる。〝ゴビ〟は石や砂利がごろごろした草木の生えない場所、〝タン〟は平地という意味である。正確には「砂漠」は、砂丘のように細かい砂でできた場所を指し、〝ゴビ砂漠〟というのは砂利玉石のことだ。

草木一本ない天山山脈の岩肌

なぜ重くて固い玉石が砂の表面に水の上のゴルフ球のように一面見渡す限り続いているのだろうか。砂利玉石は無尽蔵にあるようだ。天山山脈からゴビ灘に至るまでの茫々と広がる大地の光景、その果てしない荒々しさ、恐ろしさというものに我々はただ息を飲むのである。

小石混じりの砂が見渡す限り広がる「ゴビ灘」は、灰色一色の〝色のない世界〟である。風が揺るがす木の小枝も、緑の草、青い水もなく、大地をなごます鳥も虫もない。なだらかに上下に起伏した灰色の広がりは、何の変哲もないまま沈黙し続けている。

不気味に静まり返っている広々とした砂漠の中にもいろいろ変化する色合いの所はあるのだが、これがいったんカラブラン（砂嵐）が来襲したならば、四方見渡す限り何も見えなくなるのだ。

ナンバンをかけて食べる現地の羊肉ラーメン

ウルムチを出発して、今我々の通過した道は、デグル峰を通り、曲がりくねった急な峠であるが、コルラまでは程近い。古くはラクダ、馬などでウルムチ—コルラ間を行き来し、そこはデグル峰を通る難所であるが、山があるため、水があり、草があるため、この険しい道を通ったらしい。

一方、別な道は、ウルムチを出て、パイヤンホー、キュミュシを経て、コルラへ行く直線コースだが、なかなかに遠く、平らであるが砂漠ばかりで、水、草がないため大変だったそうな。

天山山脈の万年雪がやがて雪解け水となり、山渓を下り、山麓に水をもたらすと、カレーズ（人工の地下水道）を下り、ウルムチ、トルファン、コルラ、クチャー、アクスーなどさまざまなオアシス、タクラマカン砂漠の砂原を潤し、そしてシルクロードの繁栄をもたらしたのである。

天山山脈の雪水、コンロン山脈の雪水は大小多くの河川を通じ、タリム河に注いでいるが、このあたりでは近年、ダムを造り水門とかんがい溝で水をコントロールして農耕を盛んにしているという。

午後1時57分。山頂らしきところに着いた。現在は北緯42度22分00秒、東経88度22分00秒、高度一八二四メートル。天山山脈を超え、2時半頃コルラの町の手前にあるウシタラ村のドライブインで昼食をとることになった。

回民食堂（イスラム教徒）では豚肉は食べないが、我々は回族でも漢族食堂でもどちらでもよい。現地の食事、ラーメン作りは屋外である。ラーメンは、トマト・ピーマン・ネギなどの野菜と羊肉を油で炒めたものをラーメンにぶっかけて食べる。塩味でナンバンを振りかけて食べるのである。味はなかなかよいが、油っこいので到底一杯は食べきれない。また、お茶はあまりおいしくなかった。満腹。

以前NHKのシルクロード特別番組でも、トルファンでのラーメンの打ち方が放送されていたが、ラーメン打ちを見るとまことに手際の良いことに感心する。

午後3時40分出発。スイカ売りの所で小休止。窓ガラスに砂が入って渋くなったためか、開閉時にガラスが割れ途中で修理をしてもらう。ガソリンスタンドでトイレを借りたが、屋外である。しかもそれは言葉を失うほどで、目的を果たすには一大決心が必

クチャの市場の風景

要であった。屋外トイレに入るのは有料で、一・五〜二・五角（角は中国通貨元の十分の一）必要。コルラ郊外三十一師団に夜10時30分頃到着。途中、タリム河の下流クムダリヤに沿って東へ進んだ。夜食を済ませたのは午前0時30分過ぎであった。

カマドでナンを焼いている

昨日見た河が消え、砂漠へと化していく

シルクロードの交易の要衝に近づいてきた……

「三十一師団招待所」午前8時30分出発。今日は第3号車である。同乗は、中村、梅里、高田、坂東。高田さんが招待所の朝市で買い入れてきたトマトをごちそうになる。大変うまかった。

午前9時を過ぎるともう暑さが厳しくなる。出発より砂の道路。かんがい溝（ものすごく立派）を建設中である。双眼鏡で視野のとどく限りを見渡してみる。いつ眺めても、見えるものといえば、静まり返って動くものひとつとてない地平線だ。

河に沿って東へと進む。変哲もない砂漠地帯。ただ、ものすごく広い。天山山脈の砂漠が問題にならないほどの広さだ。その大きさというものに驚かされる。

タマリスクが生え、ポプラがびっしり生えている近くには人工の水路がつくられ、ポプラ並木、綿、麦畑に水門を造り、あたかも毛細血管のごとく配備されている。綿畑がびっちり耕作されている砂漠の中の道路である。

対向車が来たならば車内はほこりで充満する。開けていたら、頭と言わず、手足と言わず、砂だらけ。クーラーは付いていない。直射日光は皮膚に痛いほどの熱気、暑さに耐えられない。窓ガラスを閉めると今度は蒸し風呂だ。

砂漠の中の悪路中の悪路が続く。コルラを過ぎ、ユーリあたりで一旦小休止、昼食となった。コルラとチャルクリクの中間だ。

午後3時、食事を終え出発。車内温度37度、外気温43度、地温58度くらいある。目盛りがないので目測。カメラに収めてあるので後日しっかり調べる。チャルクリクあたりまでの行程は、今回私が幾つか通過して来た中国の砂漠の中でも、最も荒涼としたモノクロームの景色が果てしもなく続く。「道中一番の難所」と見た。

1950年代、この難所道路にレンガを縦に敷き詰めて道路を造ったのだが、そのレンガ道が今もところどころある。レンガで造った建造物も道端に廃屋となって残っている。この難所道路も、他の位置に幅の広い直線道路として再建中。五～一〇年先には、コルラからチャルクリクまで一直線の道路が出来るのであろう。

――チャルクリクに近づいてきた。このあたりからはアスファルトの幅の広い直線道路である。あたりは木も草もなくただ広い。同じ風景の連続のようだが、はるか彼方にうっすらと山脈らしきものが見えてくる。地図を見るとアルトン山脈だ。やがてその山容が間近に迫ってはっきりしてきた。このアルトン山脈の南端を通過し、まっすぐ南に下がって行けばチベットの首都ラサへと出るのである。

タクラマカン砂漠のチャルクリクにあり、交易により栄えた古代国家「楼蘭」は、「さまよえる湖・ロプノール」の西岸に位置し、シルクロードが西域南道と天山南路に分岐する要衝にあったが、四世紀頃からロプノールの水が干上がるのとほぼ時を同じくして国力も衰え、やがて砂漠の中に呑みこまれ、消えていった。そして1900年に探検家へディンによってその遺跡が発見される。

金子民雄氏はその著『タクラマカン周遊』（一九九九年・山と渓谷社）の中で、玄奘《げんじょう》三蔵はインドからの帰路、西域南道を通り楼蘭を通らずにチャルクリク～ミーランを経由して、そのまま山麓沿いに敦煌に行ったらしい、と述べている。

チャルクリクは、タリム河の東端が砂漠に消えるごく近くの位置で、敦煌から西に延びる西域南道にある交通の要所だ。チャルクリクに実際に来てみると、金子民雄氏の言われたことを、なるほどと実感する。ここは、ミーランを経て山麓沿いに敦煌へ至る道と、また、一方は西域南道へと分かれ、アルトン山脈の端より南下して、柴達木《チャイダム》盆地のマンチイ、ゴルムドを通り、チベットのラサに至ることができる重要な交通の基点である。チェルチェン河沿いに西へ進むと西域南道を通りホータン、カシュガルへと続くのである。いつの日か、私もチャルクリクより南下してチベットのラサまで行ってみたい。ものすごく困難な道程であろう。世界の屋根である。

今夜の宿泊地は、「第三十四師団招待所」だ。午後6時ごろ到着。途中の地温は51度。汚れた粘土造りの小屋がゴチャゴチャと並んでいるかと思えば、すぐに家並みは途切れてしまい、また恐ろしいほど広々とした風景が続いている。しかし、ここでは樹木も見られた。第三十四

地温は 50 度以上を示す。寒暖計がパンクする寸前

師団兵民が駐屯し、農耕に従事しているそうである。

ロプノールの南、ミーラン（米蘭）の町に到着

6月9日。朝5時30分起床。カッコーが鳴いている。室内温度24度。
朝食のメニューは豆のスープ、ゆで卵一個、野菜の油妙め、その他五品とパン。
北緯39度14分、東経88度3分。

午前8時30分出発、運転手は史さん。これより、いよいよロプノール湖探検だ。日本隊員も中国隊員も、男女の区別なく、全員一心同体、運命共同体である。

大地の上に晴天が広がり、ポプラ並木がどこまでも続いている。乾ききったパサパサとした道路が続くほか、標識一つなく、周囲は荒涼とした灰色の砂漠が海のように広がっている。文明社会とは切り離された「無の世界」である。

午前9時30分、気温34度。午前10時30分、気温38度、地温44度。

ミーラン（米蘭）の町をどこをどう走っているのか、よくわからないのだが、かなり郊外まで進んで来たところで、通行禁止のゲートに出くわした。

隊長の第1号車はどこかへ行ってそれきり二時間ぐらい帰ってこない。きっと、進入口が分からずミーランの町の人に教えてもらいに行ったのであろう。

ということは、史さんが運転する我々一行の車は炎天下の下、猛烈な暑さの車中蒸し風呂状態で待機するほかない。皆、暑さと渇きで声もない。

ミーラン遺跡は、チャルクリクから東へ約八〇キロに位置している古城だ。シルクロードを通して東西文化が融合した早期の仏教遺跡で、城郭と寺院跡、仏塔、住居跡などが現在も残されている。この遺跡は、１９０７年、イギリスの探検家スタインによって発見され、また１９７３年には数多くの貴重な文物、１９８９年には有翼天使像も見つかっている。発見された文物の特徴はインド文化とガンダーラ仏教芸術の特色を色濃く持っている。「ミーラン遺跡と楼蘭遺跡」は、一級文物（国宝）である。

昼近くになってようやく第1号車が帰ってきた。隊長より聞いたところ、通行許可が下りず、大変苦労をしたらしい。多額の通行料を支払い、許可が認められたと言う。ミーランの文物局（文化庁）署長が来てゲートを開けてくれ、ようやく出発となり、ロプノール湖南岸へと入って行く。

これから先はヤーメン（役人）も同行し、荒涼としたタクラマカン砂漠が口を開けて待ちかまえている。何が起きても、自分自身が〝頼みの綱〟と手綱を締めなおす。水は一日五〇〇ＣＣのペットボトル二本、つまり一人一リットルの支給のみ。だれか一人によけいに支給すると全員の配分が計画通りにいかなくなるため、水の管理は特別に厳しい。……それが身に染みてわかっていても、灼熱の光と風にあおられ、全身バーベキュー状態の我々はとにかく水が欲しくて、欲しくて、仕方がない。水さえ十分に飲めれば食べものなど二、三日なくても、十分耐えられると思うほどだ。

四千人が駐屯した唐の〝ミーラン王城〟

熱風のトンネルを抜けて、途中、ようやく大きなオアシスに立ち寄ることができた。畑仕事をしている老農民夫婦がいた。馬鈴薯、人参、ネギなどを耕作していた。周辺の草はタマリスク、木はポプラが大半で、柳の木もある。かんがい溝に水はとうとうと流れている。大オアシスである。写真を撮ろうしたが、カメラに砂が入り不能となる。

雲一つない青空の下には、灼熱の暑さがあり、無際限の大地が広がるのみ。小武さんが靴を脱いで、かんがい溝の水に足を入れて涼を求めている。水の色は砂で濁り、乳白色だ。それでも見ているだけで心が満たされ潤いが湧いてくる。

午後1時頃、チャルクリクのミーランの遺跡に到着する。

同行の文物局の役人が写真撮影はよいが、ビデオ撮影は一切禁止と言う。遺跡の説明終了後、皆いっせいに写真を撮った。砂の微粒子が入ったため、私はカメラもビデオも使えなくなってしまった。

灼熱の陽光がいよいよひどさを増し、皆、ただ黙って支給された水を少しずつ大切に口にしている。

文物局役人の説明を通訳に説明してもらった。

「漢の時代、ミーラン王城の広さは二〇平方キロメートル。唐の時代、約二〇〇〇年前、遺跡には約四千人駐屯で、シルクロードの要衝であった。ミーラン川から水を引いていたが、唐の時代から水は少なくなった。また七〇〜八〇年前、新麗の文物官が多数の仏画、仏典を発見した。

一級の文物に指定されたのは1991年。当時は、軍人や役人の上級者がこの城内の部屋に多数詰めていた。今はミーラン文物局の管理になっている」

説明の内容は大体このようなものだった。ミーラン遺跡を午後1時50分出発。灼熱高温のためであろう、午後には毎日大小さまざまな竜巻が所々で発生し、天高く舞い上がる。そのためか、砂漠の夜明けはボー…として全くいただけない。

街で行き交う人々は皆、おだやかでもの静かな人たちだ。こんな大人しい人々がいったん、宗教のもつれやさまざまな事で対立し合うと、動乱が始まるなど、現在も世界のどこかで同じようなことが起きている。宗教とは人間の苦悩を救い、心のよりどころとするものなのに、それがきっかけとなって戦争や壊滅に発展するなんて何という皮肉なことであろう。

これより先は、なお東に進路を取って、だだ広い所をひた走りに走る。途中玉石を積み上げた所が何十カ所もあった。これは何であろうかと通訳に尋ねたところ「あれは古代のミーランへの水の施設です」とのことだった。

昨日越えてきた山々の裾野から、無数の浸食された溝がむき出しになっている。一滴の水もない渇いた河床である。その渇いた河の行き着くところが紅柳泉《ホレリュ・チュアン》だ。このあたりは砂漠というより、深くえ

先頭車はトラックの無事通過を誘導する

ぐられた渇いた大河の河床である。ランドクルーザーは何度も大きく迂回しながら走行し、また砂地にはまりこみ、身動きがとれなくなることを繰り返す。一台のランドクルーザーが、ブレーキの部分を故障し、取り外して修理をする。午後5時50分出発。走れども走れども行く先を知らず。砂漠の向こうは、所々に蜃気楼が見えるほか、何一つ見当たらない。ラクダの死骸があり、これが一つの目印となる。

高度九〇〇メートル、気温41度、地温50度。

難路の果て紅柳泉付近に達すると、水量はわずかだが、川が流れていた。ここに至るまでどこにも見られなかった素晴らしい光景だ。

北緯39度11分50秒、東経89度52分47秒、高度一七五メートル、川の塩分一%。水を口にひたすと塩辛くはなかった。このあと約三〇分走行し、野営地に到着し、テントを張り夕食。水が欲しくてたまらないが、「生水はぜったい飲まぬように」と成田隊長より厳しく注意される。

ここは世界中で一番、海から遠いところである。

アジア大陸内部で大陸性気候なのだから、空気が澄み切っていて、星もさぞやきれいに見えることであろうと思っていたら、あたりは黄砂のためボヤーとかすんでいるだけ。

一滴の水も無くなった河

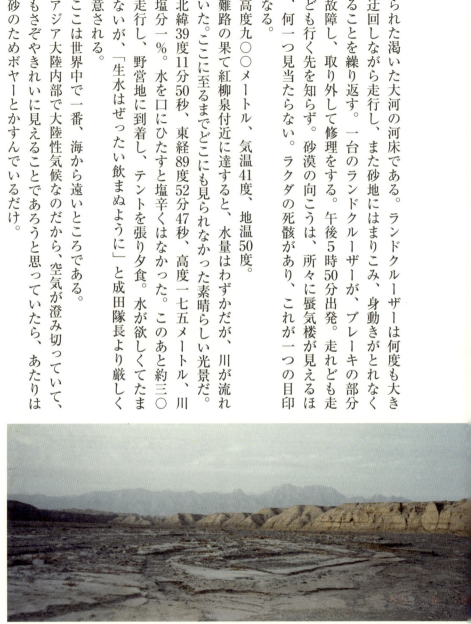

夜のもやった空の下、静けさを破る物音ひとつ聞こえない。

今日もまた約熱の蟻地獄がやってくる

6月10日。朝5時30分頃起床。懐中電灯の明かりで日記を書いている。テントをたたんだあと、8時朝食。粉ミルク、堅いパン三個、お茶といった軽食。ただちに出発。四〇分程走行したあたりで、昨日感激した川の流れの水が消えていた。地面の表面だけが濡れている。驚いて少し掘ってみると、まだ水分を含んでいた。

しかし、そこからさらに一五キロ程行ったところでは、砂に水が吸い取られ、川のせせらぎは消え、どこにもなくなっていた。

地上の高温高熱のため、すべての川で水が蒸発し、少しずつ、砂漠と化していくのだ。

今日もまた、約熱の地獄がやってくるのだろう。

我々がロプノールに近づきつつあることは確かだった。それはGPS（グローバルポジショニングシステム＝全地球測位システム）で位置の確認をしているのでわかる。

ロプノール南岸付近①北緯39度39分54秒、東経89度40分09秒、高度一〇〇〇メートル。気温41度。風があり、涼しい。今日はしのぎやすい。

ロプノール南岸②午後1時30分、気温43度、北緯39度35分02秒、東経90度08分37秒。

午後は高さ三メートル程の浸触段丘の間を走って、流出溝に出た。この好都合な河床をたどって行くと、相当遠くまで効率よく行けそうな望みが出てきた。傾斜はわずかばかりで南に向かって下りになっている。

地面は固く滑らかである。河床から離れたところでは、また底に丘が盛り上がっていた。

午後3時、ロプノール南岸地区、気温42度。

午後4時40分、北緯39度43分41秒、東経90度40分50秒、気温45度。

午後6時5分、テントの前。北緯39度51分09秒、東経90度44分40秒。

ロプノール南岸地区で、サポートトラックが来ないので第1号車が迎えに行く。どうやらサポートトラックが故障していたようだ。

まだまだ陽は高い。日陰気温40度。風は東方向より一〇メートルくらいの強風。

戻ってきた第1号車の隊長たちが行き先の進路をまだ発見できないようだった。西へ、東へ、北へと進路を変えてはまた停車し、地図とコンパスとGPSで現在地の確認をしている。ロプノール湖南岸は目前の距離にあるのは間違いないが、タクラマカン砂漠の不気味な広がりに囲い込まれて、ランドクルーザーとはいえ、うかつには進行することはできないのだ。

そのうち、第1号車の成田隊長から第4号車の坂東もGPSをもって第1号車に乗り込むように指示があった。なぜなら隊長のGPSに砂などで何らかの故障が発生した場合、現在地の確認に誤り

ロプノール南岸は近し。今日も暑い日だ。日記には気温 42 度とある

が発生してはならないからだ。

隊長の指示は具体的で、迅速。タクラマカン砂漠を過去八回、自動車で探検している成田さんは、さまざまな苦戦を身をもって体験している実践的な指導者だ。

ロプノール湖の最南岸に全員が立つ

カラブラン（砂嵐）の急襲で、視界は真っ暗闇

……午後10時過ぎ、日はまだ高く、気温も37～38度くらいある。コンパスとGPSによって少しずつ進行しては、地図上に現在地を印し、確認しつつ走行していく。大詰めの目的地まで来ているが、なかなか進路が定まらない。明日からの予定もあるため、今日中に目的地を確認しておきたい。行動予定がずれていくと、それによって、水、ガソリン、食料等の確保にも影響が生じてくる。

そうこうするうち、やがて北東方向の地平線上に黒い一筋の糸のようなものが舞い上がり、その影が次第に色濃くなっていく。

「〝カラブラン（砂嵐）〟だ。やばいぞ！！」

成田隊長が叫んだ。間違いないと言う。

私は書物では知っているが、それが〝カラブラン〟とは知るよしもない。「砂嵐がきたら、タイヤの跡もなくなり、ランドクルーザーでさえ動けなくなる」と言う。

隊長は中国側と協議し、目的地を前に引き上げるのは残念だが、全員の安全確保の上からこの場を撤退せざるを得ないと判断し、「大至急サポート車のある所まで退避せよ」と指示を出した。

そのため大慌てでこの場を立ち去ることになったが、砂漠の砂地や砂利道はどんなに爆音を響かせてもスピードは加速せず、カラブランの黒い魔の手は我々の行く手を封じるごとく後ろから猛スピードで迫ってくる。

砂嵐は自動車のガラス窓をたたき、周り一面を真っ暗闇に包囲し、轟音とともに我々の車を襲って来るが、目の前の光景、地形がどうなっているか、見ることができない。

やがて砂嵐に完全包囲された。本来ならば停車したまま、何時間でも何日でも砂嵐の通過をやり過ごすほうが得策なのかもしれないが、サポート車は近いはず。あたりはたちまち漆黒の闇に塗り替えられ、砂煙で何一つ見えない。

それでも全車ライトを付け、クラクションを鳴らしながら、互いに合図を送りつつ走り続ける。ランドクルーザーが動けなくなっては一大事だ。スピードが出ないためイライラするが、もし一台でもスタック（砂に埋まる）したら、大変だ。

全車が必死になって、慎重に慎重にスピードを出し

ロプノール湖最南岸、一滴の水も無い河床を記録する

て走行していくと前方にライトの点滅がかすかに見えた。

——あぁっ、あれだ！

サポート車発見‼　ライトで走行していることを知らせるが、視界は全くきかず暗中模索で闇の中の走行と化している。しかし何とかしてついにサポート車の前まで次々と全車が滑り込むことができた。

車の中の全員が緊張から解き放たれ、（ほっ……）とため息をついている。

しかし車の窓は開けられないため、耐えきれぬ暑さでムンムンだ。身体の水分でガラスは曇る。今夜はこのままサポートトラックで食事と思っていたが、ガソリンを積んでいるため、食事の支度はできず、メニューはおかゆの缶詰一缶、パン一切れの簡易食。だが、食にありつけるだけでもありがたい。

今夜はここで、ビバーグである。テントは強風のなか飛ばされながら張ったが、強風でバタバタとはためき、うるさくて眠れたものではない。寝袋にもぐり込み、そのまま砂の上にビバーグが一番よろしい。

……こんなとき、せめてシャンデリアのような星月夜が頭上にいっぱい広がってくれれば慰めもあろうが、残念ながら、内陸アジアは大陸性気候で大気が乾燥しているため、夜空は澄んでいるどころか、微細な黄砂が空気中に漂って星座などが見える日は数少ない。昼は、目も開けられない熱と光、夜は、闇と冷気が広がっているのみ。

夜露は降りず、雨も降らない、寒くもない、虫よけにハッカを使用するのが一番だ。

——コルラから天山山脈を越えて、……またはカシュガルからアクスーを通り、コルラよりチャルクリクに出て、またはカシュガル、ホータンを経てチャルクリクを通り、ミーラン、敦煌と夕クラマカンの西域南道、北道を馬かラクダに乗り、シルクロードを通って行った数多くの商人たち、旅人たち、古くは三蔵法師、マルコポーロ、ブルジェワルスキー、スタイン、ヘディン、大谷探検隊。……彼らはみな、水も食料も乏しい大砂漠を悪天候に悩まされ、どのようにして、何を思って、困難な旅を続けて行ったのであろうか。

さまよえる湖と楼蘭と探検家へディン

６月11日。砂嵐は去ったが、まだ北の風が強く吹いている。

午前９時出発。キャンプ地は、ここがすでにロプノール湖南岸だが、車から降りてしばらくは徒歩で探索する。晴天、気温28度。キャンプ地北緯39度47分23秒、東経90度44分47秒、高度八六一メートル。ＧＰＳで位置の確認をして昨日と同じ所に立つ。砂漠の砂が昨夜の嵐のためか、深く軟らかく堆積し、徒歩もなかなか困難を極める。ＧＰＳを繰り返し見て探索。もうすぐ目的地にたどり着けるだろう。

私のカメラとビデオカメラが砂で使用できなくなったのを見て、成田隊長が、

「坂東さん、僕のカメラを貸してあげますから使いなさい」と、カメラを差し出してくれた。

「隊長のカメラに砂が入ってはいけないですからよろしいです」

「僕のカメラは一般の人のカメラとは違って砂は入りませんから」

と言ってくれたので、結局ずっと、帰るまでの間、隊長のカメラを拝借したが、砂は全く入らなかった。プロの使用するカメラはやはり造りが違うのだ。

隊長も粘り強く探索し、皆で〝右往左往〟して、ついにロプノール湖最南岸に到達する。見かけの上では何の変哲もない砂漠の一端だ。

しかし、ようやく念願の地に立つことができて、隊員一同涙が出るほど肩をたたき、握手を交わし合

いながら、「ばんざーい」「やったー」と歓喜の叫び声。少年のころよりシルクロードを仰ぎ見てきた私は感無量だった。大げさに言えば、そこにある〝歴史のひとかけら〟に人類の始原の郷愁を感ずるのである。

ロプノールは天山山脈から流れる川の末端湖で、〝塩沢〟や〝蒲昌海〟の呼称があり、紀元前一世紀頃は冬も夏も水量が変わらない広大な湖であった。その西岸にはオアシスの都市国家「楼蘭」が栄え、シルクロードの要衝となったが、三世紀頃から乾燥化が進み、川の流れが変わり、豊富な水を失った「楼蘭」は衰退し、忘れられた存在となってしまった。

このためシルクロードも、タクラマカン砂漠の南側を通る西域南道など「楼蘭」を経由するルートは、距離的には短いにもかかわらず往来が困難になった。唐の時代までには、ルートの中心が敦煌か少し手前の安西から北上・西進し、トルファン（敦煌の北西に位置する街）を通り、天山山脈の南麓へ出る天山南路へと移っていった。

ロプノール湖岸、岩に文字が残されている。
誰が、いつ書いたものだろうか

二〇世紀最大の中央アジア探検家ヘディンは、１９００年にカラ・コシュンのはるか北で紀元前から五世紀ごろまで栄えた「楼蘭王国」の遺跡と、干上がった湖「ロプノール」を発見し、湖の位置が移動するという自説を立て、ロプノールを〝さまよえる湖〟と呼んだ。

ヘディンがロプノールを最初に訪れた時は湖水は干上がっていたが、１９３４年の調査時には水は満々と満ちていた。しかし、１９８０年に上海の科学院が組織した調査では、「ロプノールは乾いた塩が湖底として存在するだけで現在は一滴の水も存在しない」と報告された。また、１９８８年に行われた日中合同の楼蘭探検でも「湖の水はなかった」とされている。さらにその後の研究では、「湖の移動は起きていない」とする説もある。諸説ある中で、私はロプノールを自分の足で歩いて確かめてみたかった。

砂漠の下に広がる死海の塩分は海水の一〇倍

今回の探検の目的は、ロプノール湖で一番水の少ない南岸地帯の調査だ。

湖岸に降り立つと、水はところどころに小さな〝たまり〟となっているだけ。その表面は土色で、塩と土砂で固まり、底には精選したような白い塩が沈殿している。乾いた湖底部はツルハシでなければ壊し切れない固さだ。登山靴で蹴飛ばしてもビクともしない。歩けども歩けども、地平線の彼方までこの塩の湖底のみである。

岸辺は柳が密生し、湖の沖にはヨシが密生していた。砂漠では珍しく木の枝があったので、杖がわりに拾った。岸辺から柳やヨシの繁茂しているところまでの奥行きは三〜四〇〇メートルくらいで、その奥にはタマリスクが密生していた。

短靴では歩行が難しいが、登山靴か砂漠用の靴なら困難ではない。しかし、害虫がいるかもしれず、林の中に入って行く気にはならなかった。岸辺にはどこからかわずかな水が注がれているらしく、砂漠では珍しく柳が生え、動物の〝けもの道〟に糞が散見された。野生のラクダが水を飲みに来ている証拠だ。地層の色や重なり、塩の有無、塩分濃度、動植物の気配などをノートに書き留めた。

やがて、この人知れず眠る太古の塩の湖もさまざまな文化的な機械・設備が入りこみ、大自然の姿が消えていくことであろう。

砂漠の夜空に皆の合唱を響かせて

〝塩の湖〟の南岸を引き揚げ、全車で故障したトラックのところまで戻る。その帰り道は砂漠の中の悪路に次ぐ悪路で時速五キロ～一〇キロ程度のスピードである。トラックが故障しているので、水もガソリンも食料も補給できない。全車、今夜はここで野営をして、明日遠路ミーランに戻る予定でいた。しかしトラックのところにたどり着くと、中国側の努力で修理が完成していたので日中ともに喜び合った。

隊長と楊さんと協議した結果、今日は遅くなったが少しでも敦煌に近づいておくため、軽い食事。ナン一個、卵一個、水二本。水は特別配給だ。何よりもうれしい。柔らかくなったスイカ二切れも配られる。大変おいしい。日本にいたならば、イキが悪くなった柔らかいスイカなど見向きもしないが、白いところまでガブガブとかぶりつき、水分が毛細血管まで染み渡るのがわかるようだ。

午後6時55分。北緯39度47分23秒、東経90度44分47秒。午後9時半着。野営キャンプ。北緯39度55分03

秒、東経91度08分11秒。高度六七二メートル、気温25度。

ホーカボーの付近でテントに入らず野天の予定。いかに遅くなっても目的地に行くことができて全員の喜びようは大変なものであった。簡単な夕食。全員にワイン六本と五〇度の地酒一本が配られる。

天山南路のシルクロードの土を踏むことは私の長年の夢であった。青年の頃からのシルクロードへの憧れが私を奮い立たせたのだ。シルクロードの風景、そして古代の僧侶の法けん、三蔵法師、マルコポーロ、ブルジェワルスキー、スタイン、スヴェン・ヘディン、大谷探検隊、上海科学院、日中合同楼蘭探検隊、そして今回の私たちの民間ロプノール探検隊。私は万感胸に迫るものを覚えた。

ワインで全員乾杯！　皆、今夜は気持ちの良い酒である。地酒も振る舞われる。日中歌合戦の始まりである。私がまず第一番に日中全員による手拍子で、「幸せなら手をたたこう」を歌って雰囲気を盛り上げた。それからは日中交互に歌うことになった。皆で輪になり、手をつないで、訳のわからないダンスがにぎやかに行われる。中国側の合唱が始まる。日本側も歌う。皆、嬉々として満面の笑みがこぼれだし、大盛況の宴であった。

やがて宴が終わり、電燈が消え、砂漠の闇の底で私は寝袋に入ると、興奮が続いて寝つけないかもと思ったがあっという間に眠りの底に落ちたらしい。

前日の砂嵐、そして念願のロプノール湖散策と調査、日中の人々の温かい交流など、快い旅の疲れに全身が温かく包まれ、寒さを忘れていたのであろう。

第2章

甘草とりの人たち

幾千の時が紡いだヤルダンの奇観

昔取った杵柄、自動車修理で〝砂滞〟脱出

6月12日。午前6時起床。

砂漠の朝はさわやかな感じがしない。日の出はボヤーッとしてどんよりしているし、昇り出すと一気に〝灼熱の太陽〟に変身し、容赦なく照りつける。

皆、汗と砂とアカまみれ、シャワーなし、洗髪・洗顔なし、ブラッシングのみの歯磨き、頭モジャモジャ、服は着たきりすずめで、砂漠用のドタ靴を履き、排泄は男女別に少し離れた砂地で、何の気取りもいらないから、気楽といえば気楽である。

しかしいま、我々がいるここは、世界中の砂漠の中で最も危険な地帯だ。もし砂漠の中で方向を見失い、水がなくなってしまったら、と考えると〝ゾッ〟とする。

出発時は、四方を見渡してもカラブラン（砂嵐）のせいで何も見えなくなっていた。

タマリスクの小山が無数に連なっていて、野性のヤギが一匹走り去って行く。素晴らしいヤルダンができている。ヤルダンは砂漠で傾斜した硬軟互層が風食を受けて形成した奇岩群のことだ。はるか遠くでは

野性のラクダの親子が数頭、草を食んでいた。荒涼とした風景である。動物の親子の健気さよりも、生存の厳しさを先に感じる。

塩の原を行く道には野性のラクダの糞がいくつもあった。この辺りがロプノール南東に位置し、砂漠の荒れ方が一番ひどい悪路だ。我々の車は時速五～一〇キロで、スタックしないように慎重に注意深く走行し続けた。

１号車、２号車は無事通過。４号車も通過したが、３号、５号、８号車はスタック。砂の中に深くはまりこみ、全員で声を合わせ車体を押せども押せども動じない。どの車も同じような所でスタックしたので、まだよかった。そのうち先行の１号車、２号車が迎えにきたが、両車とも途中ですぐ砂にはまり込み、ついに全車スタックだ。

――ここを脱出できたとして、これから先どうなるのか……。

周囲との連絡の取りようもなく、底知れぬ不安、疲労、いら立ちが頭をかすめていく。

車輪の下に敷く板切れ一枚ないので、考えたあげ

砂地にはまったトラックはビクともしない

く、空のペットボトルに砂を入れ、それを並べた上を車が乗って一寸刻みで脱出を図る。しかし、砂の中でもがいているタイヤはビクともしない。スコップで掘り出すわずかな砂の量を見ると、絶体絶命の状況である。

ボール紙で砂を掘る人、手で砂を掘る人とさまざまだが、1号車にだけは、成田隊長が日本より持参したスコップが一本あった。全員があの手この手で「砂・砂・砂！」と必死で砂を運び、命がけでやっと全車スタックから助け出すことができた。

自動車が砂地の脱出困難に陥ったら、我々遭難者は、食料も水もシュラーフザックも持たない夏の日照りのなかで、二〇〇キロ以上離れたミーランへ戻るか、三〇〇キロ以上離れた敦煌へ戻るしかない。それは不可能と死を意味するだろう。

しかし、一難去ってまた一難、今度は3号車のエンジン不調、デストリビューターのポイント調整不良が発覚。私は若い頃に自動車整備工をしていたので、修理してみると微量の砂が混入してデストリビューターの調子不良となるのが判明。通常では予想もつかない故障だ。修理後、3号車は調子全快でパワーアップしたため、暫くの間、私は本探検隊では大変貴重な一員となっていた。

途中、記念碑（ホーカボーの所）を参拝し、午後9時。キャンプ地到着。北緯40度20分46秒、東経92度11分45秒。

驚くべきことに中国自動車チームは、全車スコップ、牽引ワイヤー、小さなあゆみ板など車が砂に埋まった時の非常用救出具を何一つ積んでいない。無線、携帯電話、何か別な連絡用の道具、何も用意していない。これは、「急がない、慌てない、何とかなるさ……」といった中国人の歴史感覚や国民性が影響しているのだろうか。遠く離れた砂漠の真ん中で、日本人の勤勉で用心深い作業姿勢や、こだわりについて語ってみてもラチは明かないが。

6月13日。午前6時起床、8時朝食。おかゆ、卵焼き、肉缶詰、野菜炒め。気温22度。北緯40度20分46秒、東経92度11分45秒。

野菜類の余り物はその場にそのままにして置いていく。それはラクダたちが全部きれいに食べるのである。

午前9時15分、出発。すぐ各車ごとスタック。そのつど降りて後押しする。ボディが日照で熱いので素手では自動車は押せない。コースは再び東に向かう。北の方はたいそう広々として平坦で、南には低い山、丘陵が続いている。

我々はある時は表面が細かい灰色の砂利で覆われ、木も草もなく不毛の広大な原野（砂漠）を走るかと思えば、ある時はアスファルトのような平らで固いピカピカの黄色い粘土砂漠の地表を八〇～一〇〇キロのスピードで営々として走行していった。

秘境ヤルダンの息をのむ大自然の造形美

午後0時、気温35度。午後1時、昼食。メニューはゆで卵一個、おかゆ一缶、炭酸飲料一本、水二本（水はありがたい）。午後3時45分、気温35度。太陽が照りつける。

金鉱道路に入る時、公安のゲートがあり、中国隊員が公安室に行き、通過したい理由を申告してゲートを開けてもらう。金鉱はただの手掘りで露天掘りである。

午後4時、金鉱に到著。北緯40度44分00秒、東経92度44分00秒。高度一〇〇〇メートル。

ここまで来る途中、黒山の山脈を見た。見事な山脈だった。一〇万年も二〇万年もかかってできた山脈である。

ヤルダン地形だって何千年という時をかけて風と砂が作った風景だ。ヤルダンは小高い丘の柔らかい部分の岩肌が、強い風砂で削られ何千年もかかってつくり出す自然の造形美で、いろいろな形に変化していく。

例えば、インドやチベットの仏教寺院のような形。エジプトの巨大なスフィンクスやピラミッド、奈良の大仏様、中世ヨーロッパのお城のような小高い丘を造り出す。それが百や二百ではなく見渡す限り一面に展開する。地上にこんな秘境があることが信じられない。ここに道路がつけば、世界の一大観光地になるだろう。

神々がつくった悠久の奇跡と向き合っていると、子供のようなことばでだれかに語りかけたくなってくるものだ。自然と天の無垢にふれて、人生観を変えることもあろう。ここへ来る途中、方々で積み石をした小さな「石積みの塔」をたくさん見かけた。太古の人たちが旅の平安を祈願したものだろうか。さまざまなことがあったろうが、風に立つ小さな石積みの塔を見ていると、苦しい旅の祈りがじかに伝わってくるようだ。この神々の山岳地帯が幾千年、幾万年と人を寄せつけず、何一つ変わることなく、毅然荒涼として風雪にさらされていたことは疑う余地はない。

高い山で歩行は大変であろうが、夏の酷熱にさらされる平坦な砂漠よりも、高くて涼しい山岳地帯を通る方を選んだのであろう。それに水も見つけやすい。塩分を含んでいるが、馬やラクダなら飲める。

金鉱のところ、北緯40度33分、東経93度03分、高度三六六メートル。金鉱を通り抜けたあたりより、山すそに大量の塩が発生していて、あたかも大量に積もった雪のようだ。西側の山々の素晴らしさたるや見事なものである。

ここで成田隊長は、運転手に道があるかないか不明であるから「絶対一台一台の個人行動は避けるように」と全車集団行動をとることを通訳を通して注意した。

しかし、にもかかわらず2号車が先に行ってしまった。どこを走っているのか分からない。全員心配していると約二時間ぐらいして2号車が帰ってきた。

隊長は運転手を呼び、通訳を通じ、今にも殴り倒さんばかりの、ものすごい剣幕で、叱りつけていた。運転手は自分の非を認めて、それからは皆と行動を共にした。実際、砂漠の単独行動は危険極まりないのだ。

ヤルダンを過ぎたところで、我が3号車のエンジンが不調となった。運転手はストレーナーを取り外し掃除を試みるが効果がなく、それが十回以上に及ぶ。見かねた私と田中さんが直しにかかった。パイプの詰まりやキャプの詰まり具合、ガソリンがきているか、それぞれの箇所を調べてみる。きっとキャプが詰まっているのかもしれぬと、修理にかかりだしたが、運転手の史さんが来て「私たちで直します」とのこと、それ以上は手を出さなかった。

だんだん日は暮れていく。運転手たちはガソリンポンプも取り替えていた。やはり不調だ。これ以上いても、明日（14日）は安田さんが午前10時にホテルを出て敦煌の空港へ行かなければならないので、やむを得ず運転手と整備員の二名を残して、我々は敦煌へ向けて出発することにした。二名には食料と水を残しておいた。

北山山脈の麓でヘディンと同じ迷路にはまる。

――玉門関で道を間違えたようだ。それから一時間ほど走行し続けているが、西へ走っているのか、東へ走っているのか、辺り一面真っ暗なので、全く地形がつかめず、大変な荒野、悪路に入り込んでいた。

……どうもおかしいと感じ、一旦停車したが、真っ暗で見通しがきかず、周囲にあるのはまばらな林と、雑草の茂みとタマリスクのみだ。走行時間から推して、敦煌へはかなり近い距離にあるはず……と思ったとき、探検家ヘディンもこの辺りで迷い出し、北山山脈のさらに奥地へ入り込んでしまったことを思いだした。

おそらく、ここは北山山脈の裾野に広がる果てしない荒野の一つなのだろう。我々はヘディン一行が陥った同じ迷走を繰り返しているのではないか。

成田隊長に現在地の確認を進言すると、隊長も快く「ああそうですね」と言われ、地図とコンパス、GPSで確認してみた。

やはり敦煌の玉門関より西へ五〇キロほど行き過ぎている。ここは北山山脈のはずれの抜け出すことも困難と思われる大荒野のさなかだった。

そうと分かればすぐさま折り返し、約一時間半以上走行して東へ戻ることになった。

やっと玉門関にたどり着き、それから国道に向けて走行し続けると、もはや夜明けで隊員の誰も一睡もしていない。

スヴェン・ヘディンは著書『さまよえる湖』（中央公論新社・二〇〇一）の中では次のように述べている。「この地点から明日偵察する事にしよう。我々が西へ前進するのを妨げたものこそ、ガシュン・ゴビ、すなわち世界で最も荒涼たる砂漠の一つなのだ」

全くその通りで、聞きしに勝る砂漠だ。ただ限りない闇の底を走ってきた悪夢のような感触があるのみである。

ヘディンは1934年に自動車隊を編成して探検に来ている。コルラまでの自動車道を造るための調査で、そのときの車種は「フォード34年式トラック」だ。当時は四輪駆動車ではなく後輪駆動だけで、大変な苦労であっただろう。いま、私たちに後輪駆動車で砂漠へ探検に出動せよと言われたら、「絶対、無理。行けません」と言うに相違ない。

ヘディンは「内陸アジアの地形には4気筒（1932年型と思う）のフォードトラックの方が1934年型のV8気筒より適している事を経験した。ロプノール湖に向かう途中で車が不運に出くわしたならば、永久に置き去りにしなければならなかっただろう。（中略）在中国イギリス公使・書記官タイクマンもゴビを抜け、ウルムチ、コルラ、カシュガルへ自動車で走行し『最も強力で信頼できる自動車でなければ、タクラマカン旅行は果たすことができない』と語っている。ここに自動車道路を建設することにさして困難はないのである。ヤルダンの土地を二十キロにわたって床のように平らにするのも」等々と述べている。

しかし、私はこのヘディンの意見には反対である。

そこに観光用道路を開通させれば、経済的な繁栄は期待されても、幾千年の時をかけて造り出されたヤルダンの自然の光景を失うことになるからである（幸い、私たちが通過したところはいまだ文明の力が及んでいなかったが）。

家の土壁をはがし、柱を取り外す人たち

6月14日。昨夜からの走り通しで、皆一睡もしていない。

午前6時ごろ、国道近くにたどり着くと、車のボンネットが不良で針金で縛る。少し走り出すと今度はショックアブソーバーが不良。また針金で縛るが、しかしまた外れて壊れ出す。迎えの車が心配してやって来た。スパナを借り、ショックアブソーバーを取り外して走り出す。そうやって何とかして走行を続けて行ったところ、あの大穴を開けたサポートトラックが先に到着しているではないか。不思議な事があるものだ。

車の下に敷く板、石、丸太、木材もない、機械もないの〝ないない尽くし〟で、一体どうやって抜け出して来れたのだろうか。

聞いてみると驚いたことに、甘草とりの人たちが自分の住居の土壁をはがし、柱を取り外し（二〇本外したか、三〇本か、定かでないが）、その丸太（柱）をタイヤの下に敷いて、ジャッキで持ち上げ、また柱を入れて、何度も上げては段々と脱出できたそうである。

故障のランドクルーザーもサポートトラックにコンプレッサーが付いているので、ガソリンパイプを吹き飛ばしたら直って一緒に到着していた。

「板切れ一つもない場所だから、〝地獄で仏〟とはこのことですね」

とだれかがつぶやいたが、車を引き揚げてもらっただけではなく、我々はそこで失いかけた大きなものを取り戻すことができたのだ。――言葉にならない、新しい勇気のような力を。

私が驚きのあまり、「……人助けのために、自分の家をこわしちゃっていいのかね」と心配して通訳に

聞いてみると、助けてくれた人たちの中のひとりの青年が平然と笑顔で「また自分の家に柱を建て、干乾しレンガと土で造ればよいではないか」と言う。

そこには日本人の常識では推し量れない、いかにも中国人らしい大陸的な発想と、暮らしの道徳観があるらしい。彼らはただ毎日の暮らしを平穏に営み、仲間たちと仲よく助け合うことが大切なのである。

この付近で水のあるところは、だいたい「甘草」を採集している。

甘草は、中国に多く分布するマメ科の多年草で、根にサポニンを含み、去痰《きょたん》・胃潰瘍などに効果のある薬草だ。高さ約七〇センチほどで、夏には淡紫色の花を穂状につける。

ちなみに中国政府は甘草とりは砂漠が一層砂漠化するため固く禁止している。ところが、砂漠で水が湧いているのはこの辺り一帯だから、かれらはここに集まってきて共同で寝起きし、収入を得るために禁じられた甘草をとっている。

――ここに甘草が生えているのだから、仕方がな

甘草取りの人の家

いではないか、というかれらの〝常識〟は、さすがの中国政府も手を焼いてしまい、見て見ぬふりらしい。その日甘草とりの現場を押さえたとしても、翌日になれば何事もなくどこかで誰かしらが甘草とりをしているだろう。相手は〝永遠の時間〟だから、政府もいちいち付き合っていられないのだ。

シルクロード、タクラマカン砂漠を旅するものは、だれでも、どこかで、このような日常を超えた永劫の暮らし、時の流れのほとりで立ち尽してしまうことがある。

旅の仲間たち

敦煌《とんこう》のチューニャンとバンジョン

午前7時、敦煌のホテル着、〝全員集合〟を喜び合う。と言えば、大げさだが、敦煌に辿り着くまではもはや〝お手上げ〟の困難が幾度も襲来し、矛盾のようだが、それは同時に身を清められるような素晴らしい経験でもあった。

中国甘粛省北西部の敦煌は、広大な砂漠に囲まれたオアシス都市で、古くから西域への玄関口として栄えたところだ。

青蔵高原の北縁、河西走廊の西端にあり、西にはタリム盆地が広がり、北にはゴビ平原、南は祁連《きれん》山脈とツァイダム盆地を望む。約二五〇キロメートル東に玉門、三〇〇キロメートル北に新疆ウイグル自治区のクムル市（ハミ市とも言う）が位置し、昔の関所として西北約八〇キロメートルの所に「玉門関」、南西約七〇キロメートルの所に「陽関」がある。

砂を払い落とし、入室、入浴。坂東、高田二名は午前8時30分朝食。二時間ほど睡眠、午後2時ごろから洗濯や持ち物の整理を済ませ、午後3時30分より街中へ食事に出ることにした。

敦煌市内では加藤さんとバッタリ顔合わせ。一緒に街中を散策して食堂に入った。ビール一本、うどん（山盛り）一〇元、日本円で一五〇円で食べ切れない量だ。

加藤さんは登山が趣味で、昨年はガイドを連れて四〇日間、スイス、フランスなど世界でも有名なシャモニーなどヨーロッパの冬山を登頂してきたそうである。日本中の山々はほとんど登ったとかで、実に快活な奥様である。

小武さんも夕食後、街中をブラブラしてきた。彼女もまた世界各地を観光して歩き、来年の冬はアルプスのベースキャンプまで出かける計画中だとか。

「米国のグランドキャニオンが、ナイアガラが、カザフスタンが、モンゴルがと言ったって、このヤルダンにはかないませんよね。これはただただ、見た者でなければ説明の仕様がありません」

と、小武さんは申される。私はグランドキャニオン、ナイアガラ、カザフスタンなどは行ったことはないけれど、〝ヤルダン世界一絶景説〟に大いに同感。

「素晴らしいよね。見た人はだれでも、生まれて初めて見た、と言うでしょうね」

「今年の10月末に、子供たちを連れて、ぜひこの大自然の奇跡を見せてやりたいのでもう一度来ます」と言っていた。

小武さんと敦煌の街を歩いていると、大勢のきれいなクーニャン（娘さん）と行き会った。私が娘さんたちの美しさを賞賛すると、小武さんが「私もクーニャンみたいでしょう」とジョークを飛ばしたので、

「何言ってるのさ。あなたはバーニャン（老娘さん）だよ」

と言うと、小武さんは「まあーひどい！」と強い口調で言ったので、私は、「ああ、それはひどかったよね。ごめんごめん。あなたはチューニャン（中年娘さん）だよね」と言って二人で顔を見合わせて笑った。

小武さんは「バンジョン（中国語で坂東の発音）はうまいことを言いますね」と言って、それからは、小武さんを「チューニャン」、私のことを「バンジョン」とあだ名で呼び合うようになった。

月牙泉《げつがせん》の神秘と、莫高窟《ばっこうくつ》の荘厳な仏教世界

6月15日、敦煌。北緯40度、東経90度、気温28度。

隊員の休養と慰労を兼ね、今日、明日は市内観光。午前中は鳴沙山《めいささん》の観光だ。敦煌市の東南二五キロメートルに位置する鳴沙山は、敦煌の市街から南五キロメートルにある広大な砂山で、風が吹くと音をたてるので「鳴沙山」と呼ばれるようになった。東西の長さは約四〇キロメートル、南北の幅は約二〇キロメートル。山峰は険しく、最高峰は二五〇メートル。ここは、私たちが見て来たゴビ灘の〝死の砂漠〟とは違い、映画やテレビや絵本に登場する「王子様とお姫様とラクダ」が出てきそうな砂山だ。私も観光用のラクダに乗ってみたが、ゆらりゆらりと揺れる気分は悪くなく（……ラクダで砂漠を旅するのもなかなかよいものだな）と感じさせられた。

頂上まではけっこう登りがきつく、砂がサラサラして歩きづらいので、靴を脱いで靴下一枚で登ってみた。頂上から見渡すと、真下に「月牙泉」が青く澄んでいる。三日月形のこの泉は、何千年も昔から砂漠の中で絶えることなく湧き続けている神秘的なオアシスだ。

ホテルに帰り昼食、午後1時30分より莫高窟《ばっこうくつ》観光。莫高窟は鳴沙山の東側に伸びる断崖を掘り抜いて造られた石窟寺院だ。

不毛の大砂漠に出現している切り立った岸壁の洞窟の中に見事な壁画が延々と続いている。四世紀頃から千年もの間、よくもまあー……、造り続けた古人の執念と言うか、想像を超えた時の流れに唖然とする。電気も動力もない、文明の利器など何一つない時代に、石で造ったノミと金槌でコツコツと造り続けたものである。

しかもその一つひとつ、いずれを見ても比類なく美しく荘厳な仏教世界だ。その執念、祈りのひたむきさに圧倒され、ただそこに立ち尽くし感激するだけだった。

莫高窟にはいくつもの穴があり、今日見た壁画は第16、17、45、57、323、328、427、428番の窟だ。我々を案内してくれた通訳の方は、五〇歳前後の女性で非常に丁寧に分かりやすく、説明してくれた。「この間、日本のNHKがシルクロードに特別番組の取材に来られました」と話してくれたので、帰国後、NHKシルクロード特別番組のビデオを見ると、私たちの時と同じ人で非常に懐かしかった。

午後5時30分頃、ホテルに帰着。夕食は午後7時30分から円卓テーブルで八人位ずつで、中国料理を食べた。

日本では味わえない品がたくさん出たが、食べ切れず余ったものも多いので通訳の人に、「いつもこのように余るほど盛り付けてあるのか、大変もったいないじゃないですか」と言うと、「中国ではお客様に十分に召し上がっていただき、喜ばれることがお客様をもてなすことで、余るほど食べ物を出す習慣があります」とのことであった。

夕食後、市内のデパート、自由市場をブラブラする。大勢の人で大変にぎわい、活況に満ちあふれていた。昨夜は皆、一睡もしていないので、市場で飲んだビールが酔いを進めたせいか、早めにベッドに入った。

「河西回廊《かせいかいろう》」をめぐって敦煌からウルムチへ…

6月16日。敦煌のホテル。午前5時に起床。昨夜は早めにベッドに入ったせいか、今朝は目が覚めるのが早く、シャワーを浴びる。午前7時30分朝食。メニューはバイキング式のおかゆ、ゆで卵、ミルク、その他野菜の油炒め数点。

午前8時35分出発。気温28度。晴れ。北緯41度4分07秒、東経95度27分41秒、高さ一八〇〇メートル（ヤーメン付近）。

西安方面行きの交差点、ヤーメン（守衛所）ゲートがある。ここで中国側隊長とヤーメンが何やら話をしていた。間もなくゲートを開けてくれた。紅柳園町、ここの交差点を南東方面に行くと〈安西―蘭州―西安〉と、つまり「河西回廊」となるのである。

河西回廊は、東は烏鞘嶺から始まり、西は玉門関、南北は南山と北山の間の長さ約九〇〇キロメートルから幅数キロメートルから一〇〇キロメートルという不規則な、西北東南方向に走る狭く長い平地だ。回廊の形をつくり、黄河の西にあるために河西回廊と呼ばれる。砂漠河川に潤されるオアシス都市群で、古代中国と西方世界の政治・経済・文化的交流を進めた重要な国際通路であった。

我々は敦煌から北西に向けて直進し、〈ハミ～トルファン～ウルムチ〉へと進むのである。

午後0時40分、星星峡村（北緯41度47分、東経95度07分）到着。昼食。ここの食堂は一二～三人入ったら満席となる小さな店だが、この集落では比較的清潔であり、ペンキもよく塗られている。店には洗面器に手洗い水もあり、ティッシュペーパーも用意してある、こざっぱりした気持ちのよい食堂であった。店内には珍しく日本の桜の名所の大きなポスターが張られ、非常に懐かしさを覚えた。

食後、通訳の季さんにトイレのある所を尋ねたところ、

「外に出て、右側にありますよ」

と言われて、行ってみたが見当たらず、付近を探してみたが、どこもかしこも、辺りはごみと大便のし放題であった。便所は見当たらず、やむなく、私もそこで用を足した。……この国の衛生問題はどうなっているのか。この不衛生になじむには、かなりの年月が必要かと思う。

しかしながら、北海学園北見大学の大前博亮教授によれば、この大便問題は「確かに不衛生ではあるが、水分の少ない乾燥地帯であるため、大便はすぐカラカラに乾燥し、雑菌は繁殖しづらい。よって、我々日本人が思うほど不潔ではない」とのこと。

大前先生に保証されても、やはり、我々には衛生問題は到底なじめないのである。

今日はアスファルト道路を猛スピードで走行する。道路は実によいが、起伏が激しい。辺りはやや高地に入っている。地図を取り出すと、ここら辺りは北山山脈の中を走っているのだ。天山山脈やボグダー山脈のように高い山ではないが、先日私たちが夜間に迷走に迷走を重ねたのもこの北山山脈の東の方である。この低い山なみは、〈紅柳園～星星峡～エンドウ〉辺りまで続くのだ。この山なみを越えたところは、一面まっ平らな大砂漠地帯である。

車は快適なスピードで走行している。第3号車、左前輪パンク。後続の私の車もそこで停車。私も降り

てタイヤ交換を手伝う。路面のアスファルトが熱くて素手ではさわれない。

「安いよ！　安いよ！」と日本語が飛び交う自由市場

——上海よりの国道３１２号線は有料で、どこまでも直線道路が続く。五〇～六〇キロメートルもあろうか、とにかく一直線だ。〈敦煌～ハミ市〉まで走行三〇キロ。めったになくホテルに早く入れる。夕方４時30分ハミ市到着。午後４時40分、気温42度。ハミ市の立派なホテルに入った。

午後７時30分より夕食。二つの円卓を皆でにぎやかに囲む。メニューはご飯、うどん、大きな鯉のから揚げ、白菜の煮物、エンドウ豆のスープ、野菜の油炒め、骨付きの肉のから揚げなど。ビールも出た。ニワトリの足四本指をそのままの姿揚げにした品もあったが、私は遠慮した。その他にも数点、とにかく中国料理はどの品も大変おいしいが、品数豊富で食べ切れずもったいない。

通訳の人から「中国では魚を大皿に一尾のまま差し出すが、上の方を食べたならば、日本式にひっくり返して食べてはだめなのです。ひっくり返したら、物事がひっくり返ると言って嫌うのです」と教えられた。〝郷に入っては郷に従え〟で、それからは皆、魚をひっくり返しては食べなかった。

夕食後は何人かと連れ立って、自由市場へ出かけた。大変な賑わい。とにかく人、人、人である。活況であふれかえっている。小武さんと一緒にバザールへ出かけた。何の売り場やら分からないが、食料、金物、カーテンなど、何でもある。私も孫の土産にと思い、ウイグル風の服屋さんに立ち寄った。品定めをするには男ではよく分からないので、小武さんに見てもらう。ホータン製の絹、カシュガル製の帽子、カザフ族の刺繍、パキスタン製の金物、水差しなど。ラジカセなのか、ボリューム最高にしたウイグルの音楽が流れている。

我々が日本人と分かって、「安いよ！　安いよ！」と日本語で店内呼び込みがかかり、なかなか帰らせてくれない。小武さんが「高いから、別の店で見てくるヨ」と言っても、「奥さん、これは上等で安い安い！」と言って放さない。高いからやめると言うと、値段をどんどん下げていくのである。半額以下にまで下げてくるので、どこまでが本当の値段かサッパリ分からない。

これでもバザールの店主はそれなりに利益をあげているのだろうか。とうとう私は孫の土産物を買わされてしまう。食べ物の販売はお祭りのような騒ぎだ。豚肉全体をぶら下げて切り取って量り売りをする店、豚の足のツメ付きのままの切り売り、魚を台上に載せ口上は元気でも魚のイキはよくなさそうな魚売り、生きたままの鯉や亀を売る店、ニンニク、ネギ、葉物野菜、とにかく生活に必要な物なら何でもかんでもそろっている。

喧噪を後にしてそろそろビールでも飲もうかと、ホテルの周辺をブラついていると、そこで中国人運転手の史さん、季さん二人がビールを飲んでいるのを発見。私たちもその場に入れてもらった。「シシカバープ（串焼肉）を一緒に食べませんか」と聞いたところ、彼らは手まねで腹いっぱいで「シシカバープはいらない」と言ったので、私はすぐそばの店でビールを三本買ってきて一緒に飲んだ。

そのうち、外出した人が戻ってきて、成田隊長も加わり、全員でビールを飲みながら、〝日中親善ジャンケン大会〟が始まった。このジャンケン大会は、現地ではどこでもよく見られる光景である。負けた者は地酒（アルコール分40度～50度ぐらい）を小さなグラスでくいっと一気飲みしなければならず、負けが込み出すにしたがって次第に酩酊し〝孫悟空〟のように真っ赤な顔になる。地酒の〝効果〟はおそろしいので、私たちが負けた場合は「ビール一口だけ飲む」という取り決めにしてもらったのだが、それでもやはり……酩酊する。

旅の酒は祭りの酒、旅の仲間は〝幼なじみ〟と同じである。

「乾杯！　乾杯！」で子供のように笑いころげ、真っ赤な顔をして午後11時にホテルに戻る。

粗にして野だが、卑ではないもの

ただ今、後輪ナット六個ぶっ飛び迷走中！

6月17日、午前9時 ホテルを出発。

運転手は張さん。今日の乗車は加藤、田中、関口、坂東の四名。

ボグダー山脈の東端である。タムルゼ山地八八六メートルを右側に、はるか彼方に白雪を頂き、長く続く山脈は見渡す限り草木の一本もない。北海道の大雪山連峰の何十倍もあろうか、道路は大砂漠の中をまっすぐと果てしなく続いている。

午前10時50分、高度一六〇〇メートル、気温40度。今日も暑い。水が欲しくてしょうがない。午前11時鄯善《シャンシャン》村の手前途中、故障車がエンジンを分解していた。クランクシャフトを直立にしてある。この砂漠の真ん中で、エンジンを外し修理をして組み立てるのだろうか。

私も青年時代、自動車の整備工をしていたが、山の造材現場まで行き、エンジンあるいはトランスミッション、またはデファレンシャルなどを現場で取り外し修理をした記憶がよみがえる。何も不思議なことではないなと思ったが、いまの日本ではめったに見られない光景であろう。

午前11時45分、ボグダー山脈の東側。北緯43度21分24秒、東経91度34分45秒。鄯善村まであと一時間半くらい手前のところ。直線道路でものすごく見通しがよく、わずかばかりだが起伏がある。たまに行き交うどの車ものすごいスピードだ。運転手の張さんも相当なスピードを出している。きっと九〇〜一〇〇キロは出ているだろう。

突然、車の左後輪に〝ゴトゴト……〟と鈍い大きな音がした。張さんと私が降りてみた。車の下のほうもよく見たが何も外れたり、緩んでいる気配はない。

少しスローで動かしてみた。私も乗っていたが、やはり左後輪付近が〝ゴトゴト〟と鈍い音がする。これは何もないということはないと思い、張さんと丁寧に点検をしてみると、タイヤホイルを締め付けているナット六個全部が緩んでぶっ飛んでいるではないか。タイヤホイルが外れていなかったことが幸いだった。タイヤが外れてあのスピードで走行していたら、大惨事は免れないだろう。

あの困難なタクラマカン砂漠のロプノール湖南東を用心に用心を重ねてやっと脱出してきたのに、いま自動車事故でも起こしたら何にもならない。全員が車から降りてナット探しだ。もしナットがなければ、ほかのタイヤホイルのナットを一個ずつ外し、応急手当てで締め付けて鄯善村まで〝逃げ切ろう！〟と私は思った。

中国の自動車の走行車線は、右側通行のため、左側のタイヤのナットが外れると、ナットを探すのは対向車線を探さなければならず、トラックなどが猛スピードで走行してくるので大変危険だ。対向車に気を配り、ヒヤヒヤしながら、根気よく探した。三〇〜四〇分探してようやく四個見つけた。私は四個あればまず大丈夫と思ったところ、張運転手が車の中を探して二個持ってきた。ありがたい、これで六個全部そろった。

ボルトのネジ山も傷んでいたが、まずナットを取り付けした。しかし締め付けるのに締め付け用具（スパナ、モンキーなど）を何一つ携帯してないのだ。失望している余裕すらないので、まあ、締め付け用真は他の走行車が持っているだろうと、張さんと私が三、四台ストップしてもらい尋ねたところ、誰も持っていないので愕然。しばらくして大型バスが走って来たので、手を上げてストップをかけ「締め付け用具を持っていませんか！」と尋ねたところ、快くモンキーレンチを貸してくれた。砂漠で仏だ。他の車より随分遅れてしまったが、大急ぎで締め付けその場を発進し、ようやく鄯善村に到着することができた。

締め付け工具も用意しないのは不用意もはなはだしい。砂漠の中で、もし一台きりで走行していたら……と思うとぞっとする。

鄯善村を午後2時30分出発。気温40度。今日はトルファンのホテルに早く入った。途中の高度は海面より低いはずなので高度計を常時手に持って見ていたが、高度計は一八〇メートルより下がらなかった。これは私たちの走行している所よりまだ低い所があるのであろう。

夜の食事後、ウイグル族の舞踏を全員で見に行った。私も引っ張り出され、ステージでウイグル人の舞姫と踊るはめになった。夕方、ウルムチへ向かった成田隊長の車が引き返してきた。燃料系統の不良で、ワイヤーロープを買い、他の車

ぶどう棚の下でウイグル人のダンサーと共に踊る

に牽引されてどうにか戻って来たのだ。何が起こるかわからない。それから皆が私の部屋に集まって、ハミウリ、スイカなどと共にウイスキーで楽しく歓談をして過ごした。

夜中午前2時にベッドに入る。夜半、風がすごく強く吹いていた。どこかでカラブラン（砂嵐）が起こっているのであろう。

6月18日。トルファンの朝、昨夜の強風の影響か、ホテルから向かいのレストランまで歩く間にも小さな砂ぼこりで街中がどんよりかすんでいる。年間雨量が極端に少ないため、乾燥していて、少しの風でも砂が舞い上がる。

1999（平成11）年1月の北海道新聞には、シルクロード紀行文中にトルファンの平均降雨量は一六・六ミリとある。一六ミリといえば、北見で強めの夕立ちの一回分ぐらいか。気温も高く40度以上の日が続く。そんな時は地温も70度を超えるのだ。

――まず、高昌故城を見ることになった。到着後、加藤隊員と二人で観光用のロバ車に乗る。ロバの御者《ぎょしゃ》はウイグルの帽子、鈴、本物かにせ物か知らぬがお金の交換、物売りなどいろいろ言ってきて大変うるさい。また、子供たちが、しつこくついて来て困った。遺跡の土を使ってレンガを作るレンガ工場があると書物で知り、探しまわったが見つからなかった。中国文物局が「遺跡には手を加えてはならぬ」とでも政令を出したのであろうか。

南北朝時代から唐代にかけて、千年にわたり栄えた高昌故城は、南北一・五キロメートル、東西一・六キロメートルに広がり、遺跡は外城、内城、宮城の三層構造を成し、往時は寺院、仏塔、宮殿、干潮、市場、作業場、一般住宅などが整然と配置されていたという。

真っ青な空の下、砂漠の光と熱を浴びて、風化した褐色の城跡が奇妙な形で横たわり、それらの背後には赤土の山の火焔山が褐色に燃えている。

七世紀のころ、唐王朝の国禁を破り、釈尊の経典を求めてインドへ向かった玄奨三蔵法師が旅の途次、高昌国で歓迎を受け国王の願いにより仏法を布施し一ヵ月滞在した話はよく知られている。時の王（麴文泰）は玄奘を高昌国に留めようとしたが、玄奘は衆生救済のため定住を固辞し、王はインドからの帰途三年間高昌国に留まることを条件にインドを往復する二〇年分の旅費、インドまでの二四国の国王に玄奘の旅の安全を依頼する書面と献上品を用意した。この破格の援助なくして、玄奘がインドから経典を持ち帰ることは不可能であったという。それから一三年後、玄奨三蔵法師がインドからの帰路、高昌故城を再訪したときは、王国は唐によって滅ぼされ、すでになくなっていた。シルクロードに残る最人の遺跡と伝説である。

通訳の季さんの案内で、高昌区にあるアスターナ古墳へも行った。

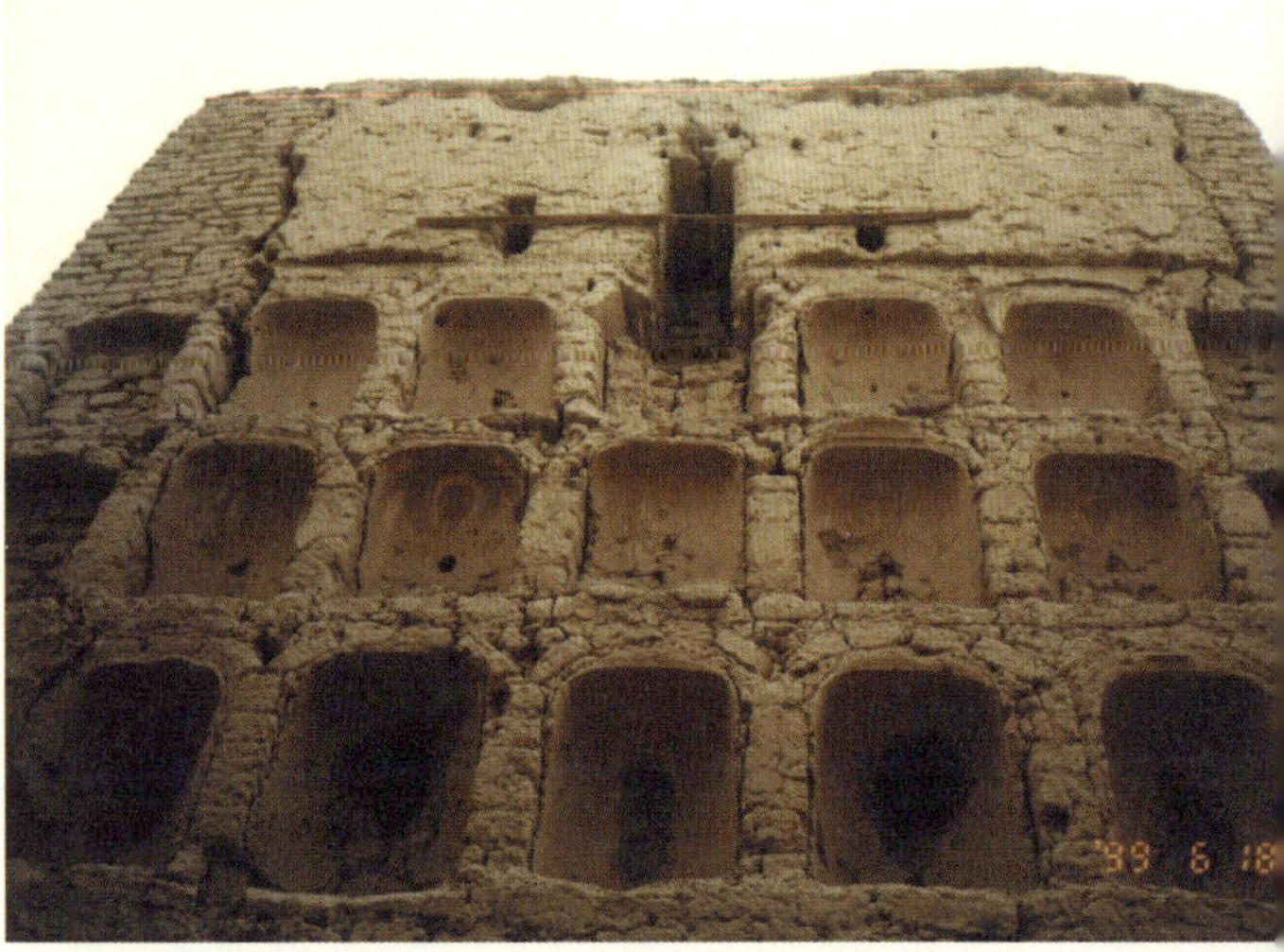

トルファン市、高昌故城壁

アスターナ古墳は、高昌国貴族の地下墓地で、多数の書物、織物、貴重な文物が発掘されている。五世紀ごろの漢語文献も出土、研究対象とされている

古墳では二体の夫婦のミイラが生前のままの姿で展示され、見ごたえがあった。エジプトのミイラは内

臓などを取り漢方薬を詰めるが、ここは非常に乾燥しているため、何の処理をせずともミイラになるとか。

次に火焔山の一角の断崖にあるベネレックス千仏洞を見学。敦煌莫高窟のような造りで、五世紀から一四世紀までに彫られた仏教石窟がある。

洞窟の仏画を刃物ではぎ取ったような跡や、経年劣化や自然災害によって今は一部の仏画が残っているだけであり、痛ましいほどの荒れようだが、季さんの説明では、外国人探検家により仏画は「盗まれた」と言うことであった。

毛細血管のようにはりめぐらされた美しい水路

交河故城《こうがこじょう》はトルファン市から西へ一〇キロメートル、トルファン盆地西端の東西を流れる二つの流れにはさまれた柳葉形の台地上にある。中国でただ一つ残る漢代からの都市遺跡である。遺跡は台地上に位置し周囲は約三〇メートルの断崖に囲まれ自然の要害をなしている。南北に長さ約一六五〇メートル、東西の幅最大三〇〇メートル、「交河」はトルファンの最も古い名称である。

この地は古代西域諸国の一つである車師前国の都で、同国の中心であり、交河城はこの車師前国の人々により、二千年〜二千三百年前に築かれたものである。

通訳の李さんによれば、故城は土を掘って築城し、遺跡はすべて土とレンガで壁ができているとのこと。交河城は世界最古の土造建築都市であり、建物の配置は唐朝の都、長安にならったとされている。

１９６１年、国の重要文化保護財に指定された。

築城当時はトルファンの政治の中心地であったのだろう。その後軍事基地として栄え、文化の中心となったが元の時代にさびれていったと言われている。

李さんの案内で城内をゆっくり見て回った。高昌故城より完全に当時のたたずまいがそのまま残っていた。高昌故城は宮殿や大寺院の一部しか残っていないため、住民の生活の匂いは消え去っているが、交河故城は庶民の小さな住宅や裏路地のようなところまで、昔日の面影をとどめている。

普通の城と違うところは、城内の敷地の半分が地下室になっており、上は土とレンガで固めて造られていた。城内はやや高地にあるため、水は地下から汲み上げていた。現在でも要所、要所に完全な形で水路上に水を汲み上げるマンホールのふたが残っていた。また、今でも滑車を使った車井戸が一つだけ残っていた。

高昌故城はいかにも廃虚と言う感じがするが、ここ交河故城はほぼ往時のままの姿で、塀の間を歩けば、その時代の兵士が出てきそうな栄枯盛衰を感じさせられた。

ところで、私はトルファンへ来たならば、まずカレーズ（人工によるかんがい用に作られた地下水道）を見学してみたいと思っていた。カレーズについては、詳しく北海学園北見大学の大前教授より教えを受けていた。これは天山山脈の麓から水を引き、地下を流れてくる水道で、千年も前から盛んに利用されてきた。乾燥の激しい地上より、地下の方が水分の蒸発を防ぐため長い年月から生まれた生活の知恵であろう。カレーズはこの地域では一六〇〇本あり、全長五三〇〇キロメートルといわれ、トルファンでは全体の五〇％を使用しているそうだ。

カレーズの地下水は澄みきっていて、手を入れるとひやりと冷たく、染み通るほどであった。人間が立って歩行できる高さで、川幅は約七〇センチ、深さは約二五センチほどで、とうとうとしてよどみなく流れている。ちょうど、日本の水田に水を引くように、一滴の水をも無駄にしない珠玉の水路である。

ところが、この水がいったん地上に出て流れ出すと、パサパサした砂のためか、灰色に濁ってしまう。ポプラ並木にも細かい水路が掘られていた。まるで人間の毛細血管のように、そこここに細かく見事に張りめぐらされている。このカレーズにより、トルファンは世界的に有名なブドウ、ハミウリ、綿、麦などを大々的に耕作していて、農民が大変潤っているのである。このカレーズの発祥はイランが始まりであるそうだ。

中国の旅をして思うことは、かんがい水路はどこの地方へ行っても大小の水路が実によく配備され、行き届いていることだ。私はそのことに感心している、と通訳の謝さんに伝えると、

「中国の農民はかんがい水路工作のため、一軒の農家より年間三〇日無料奉仕で出勤しなければなりません」と話をしてくれた。

なるほどそのためか、タリム河の下流でも立派なかんがい水路ができつつあったのである。

新疆地区の事柄で、北海学園北見大学大前教授よりご教示いただいたことをいくつか記しておこう。

一、雨量が極端に少ないので演劇場などでは屋根のないところがあり、ドライブインもその通りであった。

一、汗は出るのであるが、高温のため水分は蒸発し肌には塩だけが残る。実際現地ではその通りであった。

一、農耕の地に向きそうでも、塩分の問題があって農耕には不向きな所がある。

一、現地で砂の地温は五〇度以上あるので一般の寒暖計では測れないということだった。

一、カレーズについても詳しく説明を受けた。

火焔山の燃え上がる山を三蔵法師も越えて行った…

6月18日、午後2時40分。トルファンからウルムチへ向けて出発。

トルファンはいつも風の強いところであると本で知っていたが、出発の日の風はそれほど強くなかった。風の強弱を一二段階に分けているそうだ。今朝の風は五ぐらいで、中よりも少し弱いという説明があった。

途中、昨夜の強風のためか、大型トラック三台が同じところでひっくり返っていた。全くたまげたものだ。我々の日常では見られぬ茫漠として荒々しい光景だ。天山山脈かボグダー山脈が吹き下ろす恐ろしい強風のためであろう。

通訳の説明では、「火焔山は今日は砂煙で何も見えません」と言う。それでも下車してみたが、やはり何も見えなかった。残念だが仕方ない。NHKシルクロード特番で見た火焔山は長さ百キロ、幅一〇キロの山全体に草木一本もなく、夏の強烈な陽光を浴びて、褐色の山全体が赤く燃え上がっているようだった。

玄奘三蔵法師もこの炎の山肌を踏み、衆生救済のためインドへ旅立ったのだ。若き玄奘は唐において教義の壁にぶつかり、天竺へ至れば釈尊の説かれた仏典に出合えると考えた。それを持ち帰ることは、唐の仏教信者のみならず、救いを求める人々すべてのためであろう……と。

通訳の説明では火焔山の気温は激しく、最高で地温83度もあった時もあり、交河故城の通路地温も70度となる時があるということだ。

トルファンからウルムチへの帰路は、アスファルト国道で快適なドライブだった。途中、大きな風力発電用の風車が実に百基以上は回っていた。なるほど、一年中強風に悩まされるところだけにこの〝神風〟を大いに活用しているのであろう。

トルファン付近を通り過ぎれば、砂のトンネルを抜け出たような真っ青な空。青は西域の高貴な色である。空気はきれいに澄み切って、涼しいくらいだ。左に天山山脈の雄姿が、右側の遥か彼方にはボグダー山脈の主峰ボグダー山が威厳を現わしている。そして、いずれの山脈も七合目あたりから冠のような白雪を頂き、見事に目に焼き付く美しい眺めであった。

午後8時30分頃、ウルムチホテルへ到着。まだまだ明るい。夕食は9時頃よりとることになった。明日は残留組、帰国組とで〝別れ別れ〟になるのである。あらゆる困難、あらゆる危険を共に過ごしてきた仲間たち。

わずか十数日間だが、されど十数日間、寂しさが増してくる。私は残留組で、これからも旅を続けて行くのである。

――地球を歩いてみよう。世界はまだまだ新鮮な驚きに満ちている、と心底思う。

トルファンからウルムチ間の走行は一八五キロであった。ウルムチよりタクラマカン砂漠へ向かう時は、テグル峰～和静を通った。天山山脈の真っただ中を通過したのである。

天山山脈かボグダー山脈からの吹きおろす強風のため横転した大型トラック

帰り道はエンドウあたりよりウルムチまで大砂漠の真っただ中の国道を通り、全く対照的な景観がある。片方はけわしい山脈であり、一方は一望千里真っ平な大砂漠である。

天山山脈の景観は国道を通過するよりもテグル峰走行のほうがとびっきり迫力に富んでいた。しかし、急カーブが多く難所続きでもあった。そのためか一般乗用車、バスの通過はほとんど見られなかった。

先にも少し記したが、近年は中国全体で農耕を特に盛んにするために、かんがい水路を充実させ、まるで毛細血管のように配備していることで、タリム河の水はロプノール湖に注がなくなり、その結果として湖底は渇き、塩の結晶が飛来した砂と混じった土となり、塩皮殻が発生したものと私は思う。

この度の探検は灼熱の暑さのなか、制約された水の不足など困難に次ぐ困難であったが、日中の隊員に事故もなく第一の目的であるロプノール湖岸に到達できた。湖岸や湖面の探検、地層の確認などを終えて所期の目的を果たし、アクシデントと感動の繰り返しであったが、希望に満ちて毎日を快活に過ごし、本探検を無事終えることができたのである。

この旅を通して、わずかな期間であったが、中国の人たちの大陸的特性というか、多くの人びとに接して、その大らかな性格とやさしさに感銘を受けた。文字通り〝死と隣り合わせ〟の探検、旅行中の〝難行苦行〟を振り返ると、当地でのさまざまな出会いは、いわゆる「中国残留孤児」を我が子として育ててくれた中国人の母親の温かさを思い出し、そして大地のような懐の深さを感じわが旅の思い出として深く実感し、伝わってきた。

――粗にして野だが、卑ではない…。

タクラマカン砂漠の真実は、私の心をとらえて離さなかったのである。

―2002（平成14）年―

タクラマカン砂漠をラクダで横断する

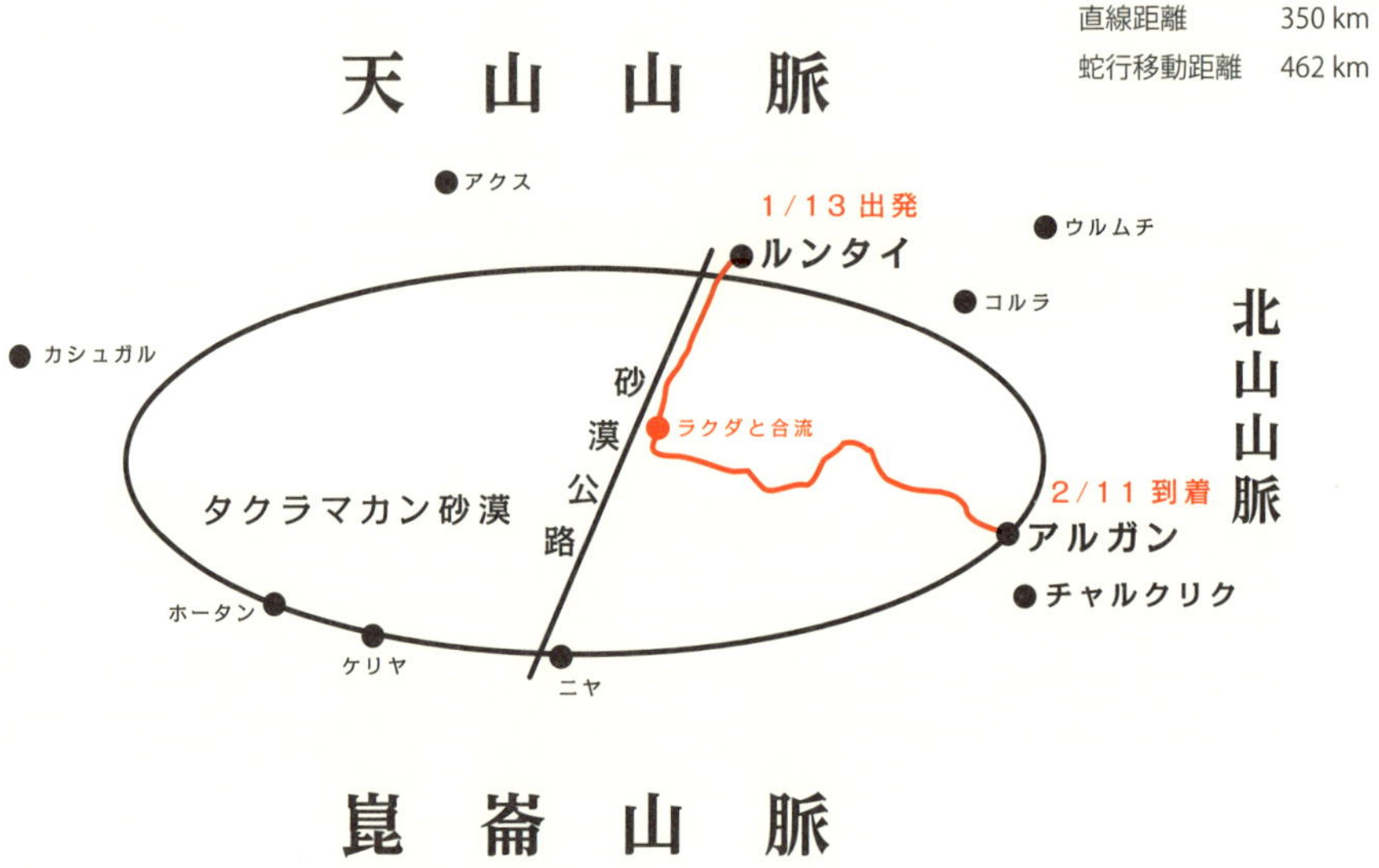
直線距離　350 km
蛇行移動距離　462 km
天山山脈
アクス
1/13 出発
ルンタイ
ウルムチ
コルラ
北山山脈
カシュガル
砂漠公路
ラクダと合流
2/11 到着
アルガン
チャルクリク
タクラマカン砂漠
ホータン
ケリヤ
ニヤ
崑崙山脈

第3章

駱駝の聖地に雪がふる

あらん限りの声で「シュッパーツ!」の号令

タクラマカン砂漠をラクダで行きませんか?

「また〝死の砂漠〟へ行く……」と言えば心配されないわけがない。それも物見遊山ではなく、未踏地帯の横断探検だ。そのため、何か聞かれると言葉を濁していた。

前回探検（第1章18頁参照：1999年民間募集による『ロプノール探検隊』）の出発の際には、隊長の成田正次さんから「命の保証は致しません」と言われたが、冗談でもオドカシでもなく、大砂漠地帯を四輪駆動車で迷走する灼熱地獄の旅は〝危険がいっぱい〟であった。

タクラマカン砂漠の6月は、気温40～45度、地表温度60～70度で、水の配給は一人一日一リットル。〈一リットルの水〉はゴックンとイッキ飲みしてしまうため、〇・五CCとか一CCとか目印を付けて〝舐める〟。口に含んだ水が喉を通ると、水分が体内の毛細血管にジジィー……と吸収されるのが見えるようだ。高温、高熱、脱水で声も出ず、目の中、頭の中まで渇いて、汗をかいても水分がワッと皮膚から蒸発し、一滴も残らず体中がざらざらしている。長袖は暑苦しいので半袖シャツになると、体内の水分全部が腕から蒸発していく。

そして、一日中延々と、始めも終わりもない、砂色の同じ景色が続く。四輪駆動車の中は「サウナ風呂」

も同然で、アチチとばかり外に飛び出せばまた強烈な陽差しに炙られ、隊員は皆〝寄せ鍋〟か〝照り焼き〟か〝ジンギスカン〟になる寸前である。

それでも隊員たちは、そんな地獄の釜茹での底で赤鬼のような顔をしていても、誰ひとり、不平不満、泣き言、撤退などを口にせず、皆真剣に大真面目で人生の修学旅行のように探検に参加していたのだ。

このときは四輪駆動車の五台共、毎日次々と砂漠の蟻地獄にはまり込み、一日に幾十回となく砂堀りや車のあと押しを余儀なくされ、消耗に次ぐ消耗で身の限界を越えていた。タイヤの砂掘りをすると、湧きだすように熱い砂が崩れ落ち、掘っても掘っても埋まってきて、平然として何事もなくフリダシに戻る。

――ああ、この砂漠には、四輪駆動車を持って来たって駄目なんだなあ……。

私はそのとき、古代からの大自然の動かしがたい力にしみじみふれた思いがした。

帰国の途次、成田隊長とこの大自然のあくなき脅威について語り合い、「この次はぜひ、昔の人のようにラクダで砂漠を横断してみませんか」と申し上げたところ、

「それは魅力的な提案ですが、……リスクが多すぎるなあ。人体損傷が出た場合、救出する術がないし、フットワークが悪いから、水の確保も困難だろうし。やってみたいけどいろいろな困難が予想されるし、十分な調査と準備が必要になりますから……実行するとなれば時間が必要ですね」

隊長は即答を避ける雰囲気があった。私はこの後何度か成田隊長とこの地域の視察旅行に出掛けた。

それからしばらくたったある日、隊長から突然の連絡を受けた。

「坂東さん、先般の話、やりましょう。ラクダで砂漠横断、ＯＫです！」

隊長は直情径行の人である。だから、話が早い！　その段階で下調べがすんで、旅の構想・準備がほぼ

出来上がっているような雰囲気だった。

「……さすがですね、隊長。また一緒に〝ジンギスカン〟になりますか！」

私は受話器を持つ手がやや〝武者震い〟したほど嬉しかった。

その年の秋に、成田隊長より「ラクダによるタクラマカン砂漠横断探検の趣意書と計画決定書」が届けられ、道新、産経、毎日、中日等の新聞でもこの探検の趣旨が大きく報道され、各地から問い合わせが入り、参加人員も総勢一九名と決定した。

かくして、ルンタイ村より東端のアルガン村まで冬のタクラマカン砂漠三五〇キロメートルを三〇日間かけてラクダで行く未踏の探検が現実となり、本格的な古代への砂漠の旅が始まることになった。

——時に、2002年1月10日、私は七六歳、喜寿まであと一年をきっていた。

北海道小清水町濤沸湖《とうふつこ》で〝一人防寒耐久演習〟実施

出発の準備として私が第一に行ったことは、北見市内で日ごろから通院している徳竹哲院長に改めて健康状態の診察を受け、酷寒の旅に必要な医薬品・栄養剤等を処方していただいた。また、前回同様、北海学園北見大学の大前教授の研究室を訪ねて、冬季における現地の気候風土・地形・産業・経済等の教えを受け、目的地の具体的な情報と指示をいただいた。砂丘の高層部でラクダに乗ったときの防寒方法と、また気温は太陽次第で変化するが大体昼の気温で氷点下5度前後、夜間は氷点下30度~氷点下40度程度に下がると説明を受け、水の管理は日中共同で行うこと、ラクダ使いはできるだけ現地の人を雇うこと、ナン（固いパン）は厚めのものを選ぶこと、など日常に大切な具体的アドバイスをしていただいた。

また、成田隊長と前回探検の同志・チューニャンこと小武隊員と共に、中央アジアの砂漠の研究に詳しい奈良女子大学相馬秀広教授の研究室を訪ね、地球の緯度経度の求め方、それによるキロ数の数値の求め方、砂漠での水脈探査の方法等を教えていただいた。

二人の教授の教えで共通していることは、水の確保と防寒である。

成田隊長と私は、当初、探検隊の出発点を砂漠の北側に位置する輪台《るんたい》の南側約二〇〇キロの北緯40度30分、東経84度09分に設定し東進する予定だった。しかし、相馬教授の説明で「この付近は砂山の斜度が急で、水脈が発見しにくいため、少し北上し北緯40度50分、東経84度10分に設定した方がよい」という指示を受けて予定変更し、直ちに中国側リーダーの王威さんにその意をＦＡＸ送信した。

そして、私はこの砂漠の気温と同じ気象条件となる北海道の初冬を待ち、11月末から12月末まで屋外にテントを張り耐寒訓練を行った。

自宅の庭にテントを張り、寝袋にくるまり朝まで過ごしてみたが、妻からは「お父さん、そんなことをして、凍え死んでしまうよ」と心配されたが、しかし私はそれでも足らず、ブリザード（地吹雪）に対する体験として、白鳥や水鳥の飛来で有名な北海道斜里郡小清水町濤沸湖の原野で十日間〝一人防寒訓練〟を実施した。

その結果として、目が覚めているときは普通の寝袋でも耐寒可能だが、睡眠時の寒さは普通の寝袋では耐えられず、極寒地対応の軽量で保温性の高い特性の寝袋を購入し、その他一般装備や器具・計器類の他、双眼鏡や地図等必携品を点検準備した。

1月10日朝出発。今回は三年前のランドクルーザーでの砂漠行とは違い徒歩とラクダの旅であり、危険度はさらに高まるため、砂嵐に合い方向を見失ったとき、水の補給を絶たれたとき、事故や急病等が発生したときなどさまざまな事態が予測される。そうした心配事は一つとして家族の前で口にしなかったが、いざ出発の段となると家族との別れが永遠のものとなることもありうる。そう思うと、温かく見送りをしてくれた身体の弱い妻と子供たちを見るのが辛くなり、このときほど、我が家を恋しいと思ったことはなかった。

しかし、それでも私は、前へと進む歩みを止めることができなかった。自分の及ばない力に招かれているという感覚に捕らわれ、その先には開かなければならない未知の扉があった。家族の明るい声はそんな私を優しく励まし、後押ししてくれた。

水さえあれば、生きて帰ることができる……

1月10日（木）、晴れ。関西空港集合、隊員十九名、カメラマン一名。午後3時30分北京に向けて離陸、午後5時45分北京着。気温10度。北京市台湾飯店に宿泊。

11日（金）、晴れ。午前9時30分、北京空港よりウルムチへ向けて出発した。上空は素晴らしく晴れ渡り見通しがよいが、間もなくして霧が発生し一面が視界不良となった。たまに薄日が差し、霧の合間に白銀の山の連なりが顔を覗かせるが、またすぐ厚い雲の幕に隠される。天山山脈か、崑崙山脈か。恐竜の頭部のような荒々しい迫力だ。やがて濃霧はさらに視界を厚く覆い、飛行機は予定変更となった。ウルムチではなくカシュガル空港に着陸、というアナウンスが流れた。

カシュガル市はタクラマカン砂漠西端に位置するオアシス都市で、天山山脈の麓に位置し、標高は一二〇〇メートル。中華人民共和国新疆ウイグル自治区に位置し、中央アジアやインド、中国本土から延びる交通路が交わる古くからの交通の要衝だ。キリギスタン、パキスタン、アフガニスタン等にも近く、中央アジア西域方面に関心のある人は一度は訪れてみたい土地である。

午後2時35分、カシュガル市内に到着。ここより午後6時30分の夜行列車でコルラへ向かう。途中の車窓からは天山山脈の何者をも寄せつけぬ荒涼とした山麓絶壁が続く。

——ウルムチまで一三〇〇キロメートル戻らなければならない。走れども走れども真っ平なタクラマカン砂漠の大草原である。夜汽車は一直線の線路を猛スピードで進む。しばらくは窓外の闇一色とにらめっこをしていた私は、やがて所在なく寝台に潜り込むことにした。

12日（土）、晴れ。午前7時40分コルラ到着。朝食、ローラン賓館見学。

午後6時、中国側リーダーの王威さん、成田隊長、私と高田隊員四人で食糧と水の打ち合わせ。王威さんはラクダの積

カシュガルよりコルラまでの汽車の食堂車にて

荷重量の制限から、食糧は一日三食三〇日分（日本人二〇人分、中国人五人分）と、水は炊事用・飲料用合わせて一日一リットル二五日分用意したと言う。

私は前回の夏のタクラマカン砂漠で、水不足で苦しんだ経験から、「食糧が三〇日分で水の確保が二五日分では五日分の水が不足する、食糧を減らしてでも水を最優先とすべきではないか」と説明した。

王さんは「水は途中どこかで水脈を掘り、補給できる可能性があります」と言う。すると、成田隊長が「それはリスクが大きいね。水を途中で補給すると言っても、確約できないからね。全員が各自の荷物を再チェックして、防寒着・用具以外の余分なものを削る〝減量作戦〟を採ろう。そのほうが安全だし安心だ」と提案し、各自の持ち物を徹底チェック、削減し、軽くなった分を水にあてることになった。

その結果、一人一日一・五リットルを三〇日分携行することに話が落ち着いた。

午後8時。夕食後、全員の自己紹介が終わると、隊長が私に「坂東さん、意識高揚のために、何かスピーチをしてくれませんか」と言うので、次のような話をした。

「砂漠では外部からの支援・援助は一切ありません。また予期せぬ困難、アクシデントに見舞われることは必ずあるでしょう。そうした時に備えて、つねに隊長を中心として全員が一つとなって困難を乗り切ることが最も大切です。また砂漠で一番大切なものは水です。けっして水を無駄に使わないよう心がけてください。食糧がなくても水さえあれば、何かあっても、生きて帰ることができます」

私は、荷物を見直して、肌着やシャツは着ているものだけにした。予備品は靴下三足、軍手二つ、紙パンツ二枚だけ。重いものでは防寒着上下と寝袋は外せない。そして私は、自分でオホーツク海で釣った鮭を干して乾燥させて作った鮭トバを一五キログラムほど持参した。これは現地で全員のための疲労回復や、栄養摂取源だ。

努力して上手にラクダを乗りこなす法

1月13日（日）。朝食後9時30分過ぎ、ルンタイ（輪台）に向けてコルラを出発。

コルラより南下して行けばチャルクリクを経てチベットへと至り、天山南路を経て西に進めばルンタイを経て中国最西端のカシュガルへと至る。目的地ルンタイのタリム河橋までは二五〇キロ、我々はバスで国道を西へ走行して行くのである。

コルラは石油開発により近代的な発展を遂げた清潔な町だ。片側四車線の広い道路が整然と続き、行けども行けども定規で線を引いたような直線コース。進行方向の右側は、恐ろしいほど黙然と山ひだを広げている天山山脈の無愛想な雄姿である。

飛ぶ鳥影一つ、草の葉一つ、水たまり一つなく、一木一草何も見当たらない、黄色と灰色と黒と赤茶けた色彩のみが点在している見渡すかぎりの荒野。わずかばかりのゴマを散らしたように点在している小さな集落の遠景が視界を掠めて行く。

——こんなさびしい、厳しい自然環境の中で、なぜ人が暮らしていかなくてはならないのだろうか……と思う。

途中、直径一メートル、長さ一二メートルほどの鉄管が無数に配置されていた。この鉄管はコルラの南西五〇〇キロ先のニヤから運ばれ、上海市などで埋設される天然ガス管だ。国道を左に折れると荒涼とした荒野の一角に、中国の田舎家らしい粘土と土を塗った壁の赤茶けた住居の集落があった。幾分、気持ちがやわらいだ。

午後0時30分、タリム河橋着。北緯41度10分、東経84度13分。やがてルンタイ～ニヤ間のハイウェイにさしかかる。この砂漠のど真ん中を貫く快適なハイウェイは、シルクロード観光のためではなく、地下資源（石油）開発のための産業道路である。

午後2時35分、ようやくラクダの集合場所に到着。打ち合せの時間通り。北緯40度54分、東経84度15分。晴天、気温5度、西風。思ったよりも寒くなかった。タマリスクが密生している殺風景な野原だ。積荷をしたトラックが先に到着していた。

ラクダたちは総勢七〇頭余り。皆、いまは余力十分で、日を浴びて茶色や黒や赤の体毛がつやつやし、悠々としている。ラクダは一頭で最大二〇〇キロの重荷を担う。隊員たちの荷物をラクダの背に積み込むのはもっぱらラクダ使いである。

積荷が終わるとラクダたちが我々の指示を待たず不意に動き出した。私はすかさず「進行停止」を命じた。先頭に立ってキャラバンの動きを掌握するのは、副隊長たる私の任務である。波乱の多い前途が待ち受けるラクダたちには、それを覚え込ませなくてはならない。中国隊リーダーの土威さんと打ち合わせ、全荷積み込完了を確認、キャラバンの一番最後では成田隊長が隊列の全体をしっかり見定める。

ラクダ引きが鞭でラクダの頭を軽く〝チョクチョク〟と叩き座らせると、我々はラクダ引きの手を借りて〝ドッコイショ〟とよじ登り、ふたコブの中間に大股でまたがるのであるが、これが慣れるまで一苦労である。馬と違って胴回りが太く、足も長い。ラクダが立ち上がるときは、先に後脚をぐっと伸ばして前脚は座ったままなので、後ろが高く前が急に低くなるため、人は前方につんのめって放り出される感じだ。ラクダはそのとたんに前脚をふんばってグっと立つので、今度は人は後ろに放り出されそうになる。

そのバランスに慣れるまでは危険だが、鞍（くら）も鐙（あぶみ）も手綱（たづな）もないが、乗ってしまえば安定している。

午後5時30分、出発準備全員完了。

私は下腹よりあらん限りの声を張り上げ、右手を高く挙げ、キャラバンの先頭に向け「シュッパーツ！」と号令を発した。ラクダたちにまたがったキャラバンの面々がゆるやかな砂漠の斜面に踏み出していく姿は、遠い古代の旅のざわめきが匂いたち壮観である。砂漠の道なき道を一歩踏み出すごとに、ラクダの首の鈴がカラン、コロンと美しく鳴り響くと、――これぞ、〝本物のシルクロード！〟という実感がわいてきた。

成田隊長と打ち合わせ、真東90度へ進路をとる。すると、一時間程して中国隊リーダーの王威さんから「少し南の方に寄っています。タリム河より外れているので70度に進路修正しましょう」と言われ、やや北東に向かって行く。

午後7時、本日の行程終了。キャラバンは高い砂の台地を越え、目標とする「出発ポイント」の東側

砂漠出発基点にて。黒い点点はラクダのふん

の場所でキャンプを張ることになった。辺りは葦が生え、雑木林に囲まれている。斜面の下方、地面が窪み深くなっているところに座ると、風避けになり寒さを防ぐことができた。中国隊は食事の支度、日本隊はテント設営、焚き木集めなど。

午後9時夕食。気温氷点下5度。寒さは感じられない。砂漠にしては珍しくよく晴れた夜で、星が間近に瞬いている。果てしない荒野に物音一つない。砂漠の静けさの真ん中で、我々だけが焚火を囲みボソボソ雑談をしている。

砂漠に陽が落ちて、夜となる頃

満天の星の下で、懐かしい歌を歌おうよ

1月14日（月）、気温氷点下11度。午前6時30分起床。外はまだ暗い。薄明りの中で昨夜の焚火の残り火が快いぬくもりを伝えている。

昨日もそうだったが、今朝も格別寒さを感じない。北海道で氷点下11度の気温は、30分も外にいれば寒さは身にこたえるだろう。これは砂漠では空気中も水分が薄いため、カラカラに乾いて雪もみぞれもなく、凍りつくものがないため、あまり寒さを感じないのだろうか。サラッとして、骨身に突き刺さってこない寒さだ。

ウイグル人のラクダ引き一四名（遊牧民）が来て、昨夜放牧していたラクダたちを集めて戻ってきた。遊

朝、テントの中より主峰の壮麗さを眺める

牧民は家畜のおかげで食糧も衣類も、必要なものすべてを手に入れることができる。だから、ラクダは彼らにとって家畜以上のもの、家族と同じだけの愛情を注ぐものなのだ。我々はこれから彼らと七五頭のラクダたちと、苦楽を共にしていくのである。

午前11時30分、ラクダたちに積荷が終わり、出発。あたり四方は昨日と同じただ真っ平の荒野が広がり、そこここにタマリスクが点在している。タマリスクは中国原産のギョリュウ科の落葉小高木で、乾燥地帯でも根を長く伸ばして水分を強く吸収する。タマリスクの根本の土はネズミが穴を掘ったのか、これは大変な数だ。

少し進むにしたがって、ちらほらとポプラや柏の木も見かけるようになったが、すべての木がなぜか途中から曲がり、横に広がって伸びている。雨量が少ないためであろう。枯れたまま立っている太い幹の木や腐っている幹の姿もある。

夕食後、火を囲み皆で話しをしていると、そこへウイグル族のラクダ引き五、六人が加わり、ウイグル族の踊りを嬉々として踊り出した。ガチャガチャと騒々しい歌と踊りだが、何もない虚無の砂の上で、はずむ歌と踊りは明るく美しい。それらを照らし出す焚火の明かりには原始から呼

テント無し。我が寝床

び戻されるような魅力があった。

全員が立ち去ると、また静寂が広がり、空いっぱいの星が辺りに散らばり出した。私は今宵より、〝一人防寒耐久演習〟の甲斐あって、テントには入らず、野天で寝袋と掛布団、その上に毛布のような布をかけて寝ることにした。

……探検家ヘディンも、１８９９年12月〜１９００年２月に行われた調査の際はラクダの積荷を減量するため、テントは持参せず、極寒の地でテントなしの生活を送っている。それは砂漠では雨量と雪が極めて少ないからこそ可能であった。現在でもラクダ引きの遊牧民はテントなしの野天だ。私もヘディンを見習ってみようと思い、この旅の間の一ヵ月近くは、最後まで〈野天・テントなし〉の旅を続けるつもりだ。

それにしても、寝袋から首を出した私の目の中は、満天の星がぎっしりと詰まっている。なんという美しさだろう。北海道の星がどんなにか美しいと言っても、こんなシャンデリアのような大粒の色彩の散乱は見られない。妻や子供たちに見せてやりたい。

逃げたラクダとラクダ引きの話

１月15日（火）、午前６時起床。気温氷点下12度。〝一人野天寝袋生活〟は、静寂が快く、やってみるとのんびりして、なかなか快適。朝食は乾燥おかゆと、卵程の大きさのナン三つ、ソーセージ三切れ、羊の骨付き蒸し肉。

午前11時30分積荷完了、出発。今日も昨日と同じ大平原砂漠の中の移動で、何も変わることはない。

午後2時昼食、カップラーメン。デザートに全員ブドウの缶詰支給。

午後5時過ぎ、旧タリム河のほとりにある百年ほど前の住居跡を見学。

そして、この辺りから、砂丘がだんだんと高くなって、海のような見渡すかぎりの砂漠地帯の荒野となってきた。

今日はあまり進めず、午後6時で進行停止。今朝、ラクダ三頭が逃げたため、ラクダ引きが後を追って探しに行き、我々一行の足跡が消えぬ範囲でキャンプすることになった。

夕食後、辺りが薄暗くなってくると、隊列に残ったラクダ引きが小高い丘の上で赤々と狼煙《のろし》を上げ始めた。砂漠の荒野で足跡を見失ってしまったとき、狼煙を上げて所在場所を知らせるのは古来より今に伝わる伝達方法だ。しかし夜11時を過ぎても探しに出たラクダ引きは戻ってこない。隊列にいるラクダ引きの話では、途中野宿して明日明るくなってから足跡をたどって戻ってくるであろうという話。

その夜、中国隊リーダーとラクダ引きの親方が話し合ったところでは、そろそろラクダに水を飲ませないと七二頭のラクダが駄目になると言う。水を飲ませてから一〇日位経つと一～二日の間に水を見つけなければ生命にかかわるというのである。

ラクダ引きの親方は、タリム河支流を探しても冬のため水脈をあまり期待できず、砂山の裾野を掘ったほうが湧出の可能性が高いので、明日の早朝、水探しを一人出発させると言う。水探しについては、かれら遊牧民の〝勘どころ〟を全面的に信頼するほかないだろう。ラクダを死なせたら自分たちの財産を失うことに等しいから、ラクダ引きの方も真剣だ。

1月16日（水）、曇り。気温氷点下14度。午前7時50分起床。すぐ横の大学生石田君も私同様、テントなし、寝袋だけで寝ている。「副隊長と同じ体験がしたい」と言って防寒着を重ね着して寝ているが、それだけでは寒さは相当こたえるだろう。

石田君は新聞の募集記事を読み、我々探検隊のことを知り深く共感して参加してきた。ラクダに乗ってオカリナ（石笛）を吹くことが夢だったそうで、昨夜もラクダ引きと焚火を囲みオカリナを吹き、皆を感動させていた。

また、三島さんはヘディンの発見したローラン遺跡に十数年前より関心を抱き、やはり新聞の記事でこのラクダで旅するキャラバンの存在を知ったという。隊員の鈴木君も新聞で今回のことを知り「個人では絶対いけないし、ラクダに乗って砂漠奥地へ行く探検に興味をひかれた」という。いろいろな人たちがいて、皆、個性がある。

朝のラクダの積荷は、毎回、決まって二時間半はかかる。もっと効率よくいかぬものかといらだつが、ここは日本ではないのだから、我々のやり方を押し付けるわけにはいかない。この積荷のやり方は昔から伝わる彼らのやり方で、営々として受け継がれたものだろう。積荷鞍はぼろぼろになっていて、何十年となく使い込んだ跡がある。

これまでの進路は東90度→80度→少し南方向（つまり１００度に後退）→東南東１１０度に進行と修正を重ねてきたが今日は１３０度方向へ向かい、少しずつ南へ寄って水脈を見つけながらの進行となった。砂丘の山がだんだん高くなるが、これはタリム河より少しずつ南下している証拠でもある。

途中、旧タリム河の流れのあとに百年程前の住居跡が点在していた。川の流れが変わり、水がなくなれば人間もそれにつれて移動するため、そこには家畜を入れた囲いの後や農耕を営んだ後がはっきりと残っていた。

午後5時20分、キャンプに適したところがあったので進行停止すると、ラクダ引きの親方に「もっと高い丘のそばでキャンプを張ってくれ」と言われた。逃げたラクダとラクダ引きがまだ戻ってこないのである。

「まだ何度も狼煙を上げなくてはならない」と言う。

そして午後9時半頃、狼煙台からラクダ引きが帰ってくるという知らせがあった。皆歓声を上げ、大変な喜びようだ。程なくして二頭のラクダがキャラバンに辿り着くと、全員拍手喝采。焚火のそばでラクダ引きの青年と通訳と私の〝にわかインタビュー〟が行われることになった。

——あなたはどのようにしてラクダを探しましたか？

——自分の家があるケリヤの方向に逃げたと直感したので、我が家の方面を探してみました。

——すぐに見つかりそうでしたか？

——なかなか見つかりませんでした。しばらく探していて、やっと二頭見つかりましたが、あとの一頭が見つかりません。皆が待っているので、仕方なく二頭だけ連れて戻ってきました。

——食事はずっとなしで、帰ってきたのですか？

——西の方から帰ってくる途中、空腹で空腹で困ったので、砂漠公路に出て走ってきたバスを止めました。だれか食べ物を持っていませんか、と見知らぬ人にお願いすると、乗客の一人からナンをもらい空腹を癒しました。

——夜はどのようにして、歩いていたのですか？

——懐中電灯で足元を照らしながら歩いてきました。

――「こちらで上げた狼煙はどのくらい先から見えましたか。その時感じたのはどんなことですか？

――六キロ程先より見つけました。うれしくて、涙が止まらなかった。これで助かった、死ななくてすむと思いました。口では言えないほどうれしかったです。

――あなたたちの仲間で、これまでに今回のような体験をした人はいるのですか？

――……これまで、聞いたこともありません。

――あなたは素晴らしく強い男だ。砂漠で二日間さまよい続け、命がけの仕事をよくがんばりましたね。ラクダを連れて帰ってきたあなたの勇気と誠実さにみんな感動しています。残りの一頭も、あなたの家に戻っていることを願っています。


と私は心の底からそう言った。青年は目を赤くしてうなづき、感動を素直に表した。青年の一途な気持ちに接して、目を赤くして感動しているのは我々も皆同じだった。

「おおーい、水が出たぞー」という叫び声が…？

1月17日（木）、気温氷点下14度。午前7時起床。豚肉の味噌汁がとてもおいしかった。砂山ではウイグル族の朝の礼拝が行われていた。西の空の遠くのメッカに向かって、七、八人でお祈りをささげている。イスラム教はかれらの日常生活の指針となり、毎日五回、決められた時間に礼拝が行われる。

午前11時30分、積荷完了。今日から130度方向に向かって南下して行く。しだいに砂丘の高さが増し三〇～四〇メートル級の砂山が海のように無限に広がって、太平洋の真っ只中にいる感じだ。しかし、相変わらず空を飛ぶ鳥影一つなく、白骨をもってその道しるべとなすのみである。

砂山と砂山の峰の先端部、最も硬いところを「ナイフリッヂ（刃物の先端部分）」と呼ぶ。ラクダたちはその鋭く尖った砂の尾根を、一歩一歩、噛みしめるように踏み越えて行く。まるで熟練の登山家がアルプスの頂をめざし、折り重なる山々の尾根道を慎重に踏破して行くようだ。

一歩でもラクダが砂山の尾根道を踏み外せば、地獄の谷底へ転落する大惨事となるだろう。これから先の行程は、毎日毎日がこうした恐怖との闘いとなる。

午後2時昼食。缶詰のおかゆとジュース一本。

午後4時頃、少し離れたところから中国隊員が突如甲高い笛の音を三、四回吹いた。「何事か…?」とびっくりすると、「水が出た!」という知らせだ。ラクダ引きも中国隊も日本隊も一同騒然として現場に向かう。私の場合は防寒服完全着用・双眼鏡他器具類装備のため、砂山を急ぎ足で駆け登るのは大変な難行だ。

砂丘の途中で水脈探しの先頭に立っていた小武さんが戻ってきて、「水が出そうなの! 現場をビデオに記録するからビデオカメラを持ってきて!!」と我々に叫んだ。

私はカメラマンの田中さんに連絡し、水堀現場に駆け付けると、成田隊長が水の出そうなところを一・五メートル程素手で掘っていた。砂を掘り手で固めると団子が作れる程度の水の出。飲み水にはならないだろう。

駆けつけた一同、落胆し肩を落とした。全身から一気に力が抜けて行く。皆、体力も気力も底をつき、ラクダも限界を超えている。この二、三日に水が出ないとなると、大変なことになる。しかも、これから先はますます険しい砂漠の山野が待ち受けている。前途の砂漠が恐ろしい谷間を抱く黒い山脈に見えてきた。かれらは深い奈落で我々をひと飲みにしようと待ち構えているのである。

夕方、進行停止。丘の途中にぽつんと座り、一休みしていると、澄み渡った大気の中で陽が傾きかけ、オレンジ色に燃え落ちて行く。先ほどの〝水騒ぎ〟が嘘のようだが、ラクダのことが気にかかって仕方がない。いまは風もなく、遠く、ぽつんと水色の星が強い光を放ち始めた。

――荒野《あれの》の果てに陽は落ちて　遥か瞬く一つ星……

ふと、少年のころ聞いた流行り歌の一節が浮かんできた。

地の果てまで一望千里の大砂丘

辛くとも怖くとも、砂丘を進むほかなし

1月18日（金）、気温氷点下16度。朝7時起床。さっそく焚火。この周辺には枯れ木があちこち無尽蔵に散らばっていた。朝食はおかゆとビスケット。

午前11時積荷完了。出発するやいなや、朝一番から、砂山また砂山だ。息苦しい急勾配が続いて行く。やがて、尾根づたいの斜面の険しい路を登りつめると、南側に一望千里の大砂丘が開けてきた。砂丘の風紋が遠く遥かまで陽を浴びている。

真冬の大海を前にして、皆、立ち尽すのみである。足はがくがく、胸はゼイゼイ、のどはカラカラ。風にあおられ、目、鼻、耳まで赤く痛い。私は全身がきしんでいる。

さざ波のような美しい風紋

——ヘディンの探検記に言う、「われわれの行く手を阻む砂丘は、辛くとも怖くとも、一歩また一歩と踏みしめて、砂丘を越すよりほかの方法はまったく見つからず……」と。

その通りで、行けども行けども顔を出すお化けのような砂山の連なりだ。風紋が広がる砂の海原は、灰色、茶色、黒の色模様が点在している。

午後2時休憩。昼食はカップラーメンとナン。水不足のため、お湯が足りない〝もそものラーメン〟だが、ひとりとして不満なし。皆、黙然と座り込んでいる。寒さでがたがた体の震えが止まらない。

先日ふった雪が周囲の山肌をうっすらと白く染めている。水のない砂漠ではめずらしい光景で、今日も雪が舞う。蝶のようにかろやかな雪である。

やがて夕空の中に砂漠の白銀の山々がくっきりと浮かび上がり、人を寄せ付けぬ静けさが谷間を渡り伝わってきた。

ここまで来る間、寒さは身を刺すほど厳しく、半数近

寒い朝だった

い隊員は耐えきれずラクダを降りて歩いた。その方が幾分でも寒くないからだ。皆、体を前かがみに倒し、寒さから身を守るように歩く。そして、歩けば歩くほどに、怪物たる砂山はますます高く大きくふくれ上がり、両手を広げ〝通せんぼ〟をするのである。

急なところでは50度の傾斜で、そうなると四つん這いで進まないかぎり、到底登りきれない。行く手は成田隊長の趣意書に記された「有史以来、この地を横断した記録なし」という文言に嘘はなく、文字通りの〝人跡未踏の行軍〟である。

この砂漠の傾斜面を這い上がり、奥地へ入り込んでもまれに野生のラクダかネズミが視界の端をかすめただけ。草木の一本もなく生物の気配がない。曲がりくねって登って行く深い砂丘の尾根は、風の吹いてくる方向に沿って固くなっている。そのアスファルト道のような固いところを歩けばよいのだが、それがかえって〝遠回り〟になることがある。結局、近回りの砂がやわらかく深いところに戻って歩く方がよいこともある。

砂山の高さ 90 メートル斜度約 50 度
登るよりほかはなし

つまり、いずれにせよ我々はただひたすら、歩くほかないのであった。

キャラバンの先頭にはいつも中国隊隊員の馬継東《ばけいとう》さんがいる。馬さんはつねにGPSを持ち歩き、進路確認を行い、行進中は休みをとらない。精神力、体力抜群の三〇代の好青年で、時折我々を励ましたり、道しるべになってくれたり、実にたのもしい。

私もポケットからＧＰＳを取り出し、進路を東南方向に決定することにしたが、砂山の斜面はますます高くなって、この日、我々は最も過酷な進路を歩むこととなった。

かわいそうなのはラクダであった。ラクダは全力を振り絞って前へ進もうとするが、砂がやわらかく足場が定まらないため、前進が思うようにいかない。そうしたとき、先頭にいるラクダは前脚を上げ、口を開け奥歯をむき出しにする。頭を揺すり上体を左右に振り乱して悲壮な様相を呈する。ものすごい唸り声を発し、後ろ脚で立ち上がり、地団駄を踏み、これ以上は不可能とばかり全身で抵抗し訴えてくる。

しかし、一番前のラクダが停止し前進を拒否すればそのあとにつづくラクダは右に倣えで、皆前進を拒否してしまうため、ラクダ引きは太い柳の枝で精一杯の力でラクダの後脚を打ち続ける。

ラクダ引きは本当は可愛くてしかたないラクダに、ここ一番は頑張ってもらわなければならず、目をつぶって激しく鞭を振り続ける。先頭のラクダがあまりの痛さに飛び上がり駆け出したとなると、後に続く七〇頭余りのラクダがいっせいに走り出すことはわかっているので、中国語、日本語、ウイグル語が怒号の雨となってラクダを追い立てる。それでも、ラクダが倒れてしまったときや、ひときわ険しい崖に行き当たったときには、やっとこさ休憩がとれて、ラクダたちはうずくまり体を休めることができる。

しかし砂山の怪物はますます背伸びして、我々一行をそのふところの奥地へと誘い込むのである。夕食後は、みな疲労困憊の極みで、誰もが床に伏し、死んだように眠り続けた。そして翌朝、私が目を覚ましたころには、すでにキャンプは活気づいていて、陽は高く砂丘の上に昇っていた。

夕食後の打ち合わせで、成田隊長と私と中国隊リーダーの王威さんとで進路等について話し合うことになった。

隊長は「このところ九日間もラクダに水を飲ませてない。弱りきっていて、座り込んでしまうラクダも出てきた。このままでは全頭まいってしまうから、ラクダの水確保を最優先にして進路の見直しをしましょう」と言う。

ラクダたちは何人かのラクダ引きがそれぞれ数頭ずつ連れてきた寄せ集めであった。事前に水をたっぷり飲ませてから連れてきたラクダもいれば、水を飲ませずに連れてきたラクダもいて入り混じっていたためラクダの水問題が起きた。

当然私たちは合流地点では、ラクダに水を飲ませているものと思っていたが、多くのラクダは水を飲まずに連れてこられていた。

中国隊リーダーの王威さんは、「進路を水が出やすい可能性のある北東70度に変更すると、目的とした人跡未踏の探検行路から外れ、一般的な安易な方向を選択することになります。そうなると、探検隊の目標や初心から大きく外れてしまいませんか？」

成田隊長は「その通りです。それは正論ですが、このまま進路をとれば砂山の高さは百メートルクラスに及ぶでしょう。人間は水や食糧を最低限保証されていますが、ラクダの方はほとんど飲まず食わずの状態なのでこれ以上は限界だと思います。ラクダがダメになれば、キャラバン全体の壊滅を招く恐れがあります」

王さんは「しかし仮にこのまま北東50度～70度に進行しても真冬のため、タリム河系旧河川は水脈が枯渇して水がもとめられるかどうか心配です」

ラクダ引きの親方は「あんまり北寄りに進路を変えると到着目的地よりますます遠くなります。そうすると、いろいろと不都合が生じます。食糧一つとってもタリム河を往復したら一週間以上日数がかかり、余分な日数分の食糧が不足するし、いろいろ厄介な問題が出てきます」

皆の議論を聞いているうち、私も「無理をして真東に進路をとれば水の欠乏は決定的だ。ラクダの死を招くことになれば、ヘディンが過去に犯した過ちを繰り返す」という思いを強くした。生きて帰ることができれば、タクラマカン砂漠は北緯40度から逃げたりはしない。何度でも出かけてくることができるのだ。

「ラクダを含めて全キャラバンの安全確保を最優先として考えるべきだ」という事になり仕方なく北東に進路をとった。

明日一日、北東に進みながら水を探し、水場を発見できなかった場合は、明後日は全員休息をとり、ラクダ二頭を偵察に出して水脈を求めてみよう、というのである。

「あと一、二日が限界」とラクダ引きが……

1月19日（土）、気温氷点下22度。午前8時10分起床。朝食は昨夜のうどん、牛乳、ナン。

高い砂山と空しかない

14日の夜、成田隊長が王さんから聞いた話では、前回ラクダに水を飲ませたのは1月10日と言う話しだ。キャラバンとラクダたちが合流した1月14日の集合場所はタリム河本流から20数キロのポイントにある。つまりその時点で、ラクダにタリム河の水を飲ませておけばいま抱えている問題は幾分余裕があったのかもしれない。しかし、反対に、もしラクダに十分水を与え体力にまかせて南下を続けていたとしたら、砂漠の奥地へますます深く彷徨いこんで取り返しのつかない事態になったかもしれない。

どちらにしてもタリム河の水を飲ませなかったことは明らかに自分たちの失策だったと反省した。ヘディンが部下二名とラクダ全頭をホータン河付近で失い、キャラバンの全滅を招いた凄惨な旅も、水の確認をしなかったことに主因があったのであろう。

午前11時30分出発。相変わらず、爪先上がりの急峻な登りが続いて行く。目前の砂丘や崖を越え、次の丘や崖へ向かう繰り返し。彼方に見えた目標の大砂山が目前に迫り、それを超えて行くと、また向こうに大きな砂丘が現れるだけ。周囲は見渡すかぎりの砂丘の海原が広がり、大波小波ならぬ大山小山の砂の山肌には白銀の雪がさまざまにきらめいている。

雪景色を見慣れているはずの北海道育ちの私が、息をのむ神聖なあるいは残酷な雪景色である。恐ろしいほどの無人。このさびしい砂山の雪景色をだれも見る人はいない。

ラクダ引きはこの冬の荒野の中を何事もなくただひたすらラクダを追いこみ歩み続けている。ラクダたちの衰弱はいよいよ激しく、深い砂地や急な下り坂など危険の多いところでは前進を拒むようになった。後ろ脚だけで立ち上がり、前脚を高くかかげ、口を大きく開け奥歯をむき出しで、首を左右に大きく振り、ものすごい大声を発して地団駄を踏むのである。ラクダ引きは容赦なく鞭を打ち続けるが、ラクダは前へ出ようとはせず、その場に座り込んだきり動けないラクダもいる。

ラクダたちは二一日間も一滴の水も、ろくな草も口にできていない。日、中、ウイグルの全員、水探しに一生懸命だが、解決の糸口は見つからず、「あと、一、二日がラクダの限度だ」とラクダ引きはつぶやいた。

しかし、それからまた、砂丘をいくつも越え、進行を続けてきた。ラクダも我々も、のどから血が噴き出さんばかりで、足元がふらついて、双眼鏡を遠くかざすとはるか向こうの肉眼では確認できない地点に芥子《けし》粒ほどの点が見えてきた。さらにだいぶ進んでいくと木立らしきものが見える。神の救いか、王さんと私は双眼鏡を手放すことができなくなった。

そこをめざしてやっと辿り着くと、旧タリム河の河床であろうか、枯れたまま立ち尽した大木が旧河床両岸に鬱蒼と茂っていた。倒れたままの大木もある。千古の並木のように長々と続き、そこに一筋の馬の馬蹄の跡が残っていた。旧河川付近で住民が往来していた跡地なのであろうか。

ラクダ引きの親方もその馬蹄の跡を見つけ、我々は彼の判断に進路をゆだねることにした。馬の歩いたところは水を求めた跡であろう。キャラバンは東から東南にかけてどこまでも進んでいった。ところどころ、旧河川跡地で水を求めて穴を掘った形跡が何か所もあった。しかし、結局のところ、この辺りは水が枯渇してしまった昔の跡地らしい。我々も数か所水穴を掘ってみたが、無駄な骨折り損に終わってしまった。

もはや、ラクダの疲弊は目に余るものがあり、責任の重さをひしひしと感じて来た。小休止をとり、打ち合わせると、馬蹄の跡を追って進む進路をあきらめ、北０度に変更、タリム河本流へとまっすぐ向かうという結論に達した。

タリム河本流までは緯度で33度10分は一八キロメートルだから、約六〇キロメートルの道程だ。一日一八キロメートル進むのだが……。ラクダが全滅したら我々も道半ばで生命が危うくなるだろう。

それからさらに、北へまっすぐ四時間程進むと、遥か彼方に立木らしい黒い一点を発見した。またしばらく進みたどり着いてみると、そこは雑木も豊富にあるため、少し早いが今宵のキャンプを張ることになった。真冬の夕暮れは、砂山には淡いラクダのシルエットを映し、やがて闇に消えていった。

夜9時、気温氷点下19度。今夜はずいぶんと冷え込みそうだ。夕食のギョーザは湯で温めただけで味はほとんどなし。私はテントなしの野天寝袋生活だが、さすがに今夜の寒さは厳しく、夜中に起きて防寒着上下二着を重ね着する。

鉈《なた》を置いたように氷の川面が光っている

1月20日(日)、気温氷点下26度。朝7時25分起床。持参した衣類全部を着て寝たため、寒さを感じなかったが、寝袋を這い出た途端、刃のような冷気が全身を刺してきた。寒気肌衣を劈《つんざ》くとはこのことだろう。

朝食は乾燥おかゆとナン。今日も昨日同様、タリム河本流をめざして北上0度に進路をとるが、出発早々断崖のような斜面が連続し、ふりかえれば太平洋でもあろうかという砂の海だ。ラクダはへたり込む寸前でもはや神に祈るほかなし。

下界を見渡せば越えて来た砂山の重なりがくっきりと見え、左手の遥か下方には表面をすっぽり雪で覆われた砂山が輝きを見せていた。さまざまな風紋で光かがやく砂漠の海は砂漠にはめずらしい、銀と純白の神々しい荘厳なパノラマである。

午後2時昼食。カップラーメンとジュース。2時40分出発。タリム河旧河床に着くと、枯れた大木が連立していたが、水の出そうな匂いは皆無。そのまま進行し、丘を越え山を越え、ラクダの負担を減らすため、歩いたり、乗ったりを繰り返した。

午後4時15分、再びタリム河旧河床に出た。表面は氷におおわれているが、今度こそは水がありそうだ。ラクダ引きの親方はすかさず斧を取り出し、氷に穴をあけて舐めてみる。しかし、ラクダには適していないとあきらめ、すぐ次の水場を求めてその場を去った。なぜ、この水がダメなのか、成田隊長が舐めてみるとすぐにペッと吐き出した。硫黄臭い水なのだ。これは流水ではなく、溜水で地下に沈殿したものだろう。上流の方で大きな氷の表面が見えた。ラクダ引きが斧で氷を割り、水をすくった手を口に運び、すぐ立ち去っていく。ここの水は塩分がきつかったらしい。

……やはり水はあっても飲み水には向かないのか、と次第にあきらめの色が濃くなってくる。最後の水が尽きてしまったら、水を求めて六三キロ北上しなければならないが、それまでラクダたちが生きているかどうか……。

しばらくして、ラクダ引きの一人が「ここから一時間ほど北西に行ったところに水はあります」と言ってきた。その提案に従って進路を変え、旧河床のブッシュの中を一時間ほど進んでいくと、果たせるかな大きな河の流れが青灰色に凍り輝いていた。キャラバンに歓喜のどよめきが起こった。この河の水であれば人間の飲み水にもなるだろう。ラクダ引きはさっき見つけた硫黄臭い水場の感じで、この近辺に水が出ることを確信したらしい。遊牧民特有の野性的直観のなせるわざであった。

我々の探検の続行の可能性がこの凍り付いた河の発見で少し見えてきた。全員歓喜して大騒ぎだ。しかし、〝急いては事を仕損じる〟から、河の氷面割りは明日することにして、ここで進行停止し、全員疲れきった身体を休めようということになった。ラクダ引きの話ではラクダの水飲みは明日の午後3時頃までかかるという。ラクダのことばかり心配で胸が焦げるほどに〝ハラハラ〟していたが、我々自身ももはやこれ以上無理のきかないところに追い込まれていた。

今夜の早めの夕食は、水ギョーザとソーセージ。日本にいたならば見向きもしない味気ない質素な食事が、心やすらかにして口に運ぶとこれほどうまいものか。疲れも回復してきたせいか、皆上機嫌で明るく、絶望が一転して希望に満ちてくる旅となった。

食後は焚き木をたくさん集めて盛大な火を皆で囲み、談笑にふけった。

夕方の散策どき、砂漠に来て小鳥が飛ぶ姿を初めて見かけた。水があれば生物の影もあるということだろう。西の地平線の空には赤い強烈な色彩が広がっていた。真っ赤な果実を割ったような夕焼けの色である。私は忘れかけていた「血の通った温かい気持ち」がよみがえるようであっ

高田さん（左）と共に

た。

旧河川地帯では鉈《なた》を置いたような川面の氷の板がギラリと輝いていた。まもなく砂漠の荒野に陽が沈み紫色の夜に包まれる。丘の上ではラクダたちが草を食むシルエットが夕闇に浮かび上がる。……なんという安らかさ、なんというやさしい郷愁だろうか。

今夜は久々にテントに入り、高田隊員とささやかな杯を目の高さまで上げ、ラクダたちと太古の河のほとりと氷の板に乾杯！

駱駝の聖地に雪がふる

ひと息入れてからも、息もつかずに飲み続ける

1月21日（月）、気温氷点下22度。曇り。

今日は休日のため、ゆっくり朝9時30分起床。朝食は温かいおかゆ、ナン、ソーセージ。

砂漠では水がないので食器洗いは水は使わず砂ですませる。油も、水分も砂でサラサラと洗うとまったくきれいになる。あとはチリ紙でふいて終わり。

午後0時頃ラクダ引きのウイグル人が氷を割りラクダに水を飲ませると言う。私が測定すると塩分濃度0％水温1度であった。

ラクダたちに水を飲ませると、これからも水不足が自分達を待ちかまえていることがわかっているかのごとく長い間飲み続けた。そして、ひと息入れてからも、また息もつかずに飲み続けるのをやめなかった。

それから一呼吸置いて、付近の草むらへ行き、腹いっぱいになるまで草を食べ続けると、再び水辺に戻ってピシャピシャと長いこと美味しそうに飲み続けた。ラクダたちも体のすみずみまで水の補給をしているのだろう。

我々人間も水があるので一週間ぶりに歯を磨き顔を洗いサッパリした。まるで風呂に入ったような満足感である。

この野営地近くに、遊牧民は春から秋まで多くの家畜を連れて来るのだと言う。野営地の河辺にはヤギか羊の糞があたり一面に広がり、砂より家畜の糞が多い。糞のために砂が見えないほどである。ここは極端な乾燥地帯で雨量も少ないため、家畜の糞は何十年も腐らず風化もしないのであろう。

今日いち日、予定はなく、なす事もないのでキャンプの周りを焚き木拾いでぶらついたあとは、皆して焚火を囲み雑談をして過ごすつもりだ。

田中カメラマンが死産で生まれ落ちたラクダの赤ちゃんが砂の中で死んだままでいると知らせに来た。隊員の何人かと急いでラクダのところへ行ってみると、繋がれているラクダたちの群れの足元の少し離れたところに白く凍結したラクダの子の死骸があった。枯れた木の根が丸まったような光景だ。その場に近づいた私は、棒立ちになったきり声が出ない。

「川面の氷を割った冷たい水を急激にがぶがぶ飲みすぎておなかをひやしたんだよ」

と先に現場にいた隊員の誰かが声をかけてきた。

水気のない軽い雪がしきりと舞って大勢のラクダたちの顔や背にふりかかる。

ふと見ると、その場から後ろ向きに背中を丸めて、小武隊員が両手で口を塞いでいた。小武さんはラクダの子に話しているようにも、嗚咽を我慢しているようにも、祈っているようにも見えた。

私は母親のラクダのいる方へ近づいていった。すぐそばに立つと、こんなときでも、ラクダはいつもと同じようにおだやかな目をしている。

……大変だったなあ。次の水飲み場では、もっとうまい水をたくさん飲もうな。うまい草をたくさん食べような。ここはお前たちの聖地だから、亡くなった子も悲しんでないさ。お前もいつかはこの聖地に還るんだよ。

雪はしきりと舞っている。ラクダのやさしい睫毛の上にもふんわり積もっている。

テントに戻ると、川辺に出て水を汲み、煮沸して水筒に入れた。その水を母親ラクダに一口でもそっと分けてやりたいと思った。ラクダにも「特別な日」はある。

“文明よ”、こんにちは

1月22日（火）、気温氷点下26度。朝食メニュー牛乳、ナン。

1月19日の朝、出発準備のため荷をまとめていると、手袋をつけなかったせいか両手指先全部が軽い凍傷にかかったが、それが今朝になって痛み出した。

朝、焚火を燃やすと、燃え付きが遅い。川辺近くの枯れ枝も、多少の湿り気があり、砂丘の枯れ枝より火付きが悪い。今朝は出発時刻が近づいても皆待機したままだ。ラクダが何頭か逃げたのでラクダ引きたちが探しに行ったまままだ戻っていない。

いつもより少し早い昼食、カップラーメン。ラクダ引きがラクダを連れて戻ってきたので、午後2時10分出発。旧タリム河床沿いに東進する。

河床の道は平坦で歩きやすい。どんどん進む。まばらな雑木林をぬって、各分隊それぞれに進むうち、互いに進路を見誤り、集合場所を探し合ううちに、広い公道に出た。その公道を進んでいくと、一件の農家が目につき、久しぶりに平穏な暮らしに接したようで気持ちが和らぐ。周辺の農耕地は綿の収穫の後で、広い広い綿畑が続いている。その畑地の中の道を行くにつれて、だんだん民家が多くなっていく。七四頭のラクダの大行進に、集落の住民たちも何事があったのかと、家から出て見物にきた。

集落の中には鉄筋の立派な小学校も建造されていて、それにも驚いた。出て来た小学生の子ら十数人にラクダの上から手をふる。みんな夢中で何か叫び手をふってきた。日本人と同じ顔をした子供たち。若い男女の先生方も出てきて、手をふっている。どんな教科があり、勉強をしているのだろう。

学校名は「カラチク小学校」と、ウイグル語と中国語で書いてある。村の名は阿互提村カラチク村である。キャラバンの行進で大勢の群衆が公道にあふれたため、警察がパトカーで我々一行を取り締まりに来たのには恐れ入った。カラチク地区は2001年4月に公道が出来たばかりで、外国人にはまだ未開放地区である。公道を自由に往来する事は許されていないと言う。我が隊員二〜三名のパスポート提示を求められ、OKが出たが、成田隊長がこの付近を写真に収めようとすると、「ノー！」と警察が強く遮ってきた。

さらに進むと村の中心地に出た。ラクダが珍しいのと我々のキャラバンが珍しいのとで、町中大騒ぎになった。私たちは王威さんの案内で食堂に入ると、突然の大勢の来客に店内は大わらわだ。店主はメリケン粉を持ちだし、すかさずウドン作りを始め三〇分程待つと出来上がってきた。久しぶりに家屋で食べる落ち着いた食事。隊員は皆、リラックスして嬉しそうだ。油味の少ない口ざわりがいいうどんで、日本人にはとても美味であった。

ここカラチク村は昨年4月に道路が出来たばかりで、外国人には未開放地区のため食堂より町の中心部への外出は禁止、カメラも禁止だ。「食事が済んだら、村から早急に立ち去ってください」と言われた。

暮れかかった午後9時頃、我々はまた行進した。公道はカラチク村よりコルラ市の東方面ユリ市まで続く長い道程である。我々が行進したところ、カラチク村のその先はもう道はまったくない。その先にあるのはタリム河床と、何十キロも延々と続く砂漠ばかりだ。この大砂漠を乗り越えて来る人など絶対にいないと思っているから、警察の人もびっくりしたに違いない。この村の住民は約七千人で全員が少数民族のウイグル族、産業は家畜と綿の産地で、若者たちは近代式ピカピカのオートバイを乗り回していた。

人間は勝手なもので、一〇日ぶりに近代的な街並みや様々な施設、電気、オートバイ等を見て、皆、何だか嬉しそうだった。明日からまた〝文明社会〟ともお別れだ。

食後、カラチク村を後にして一時間程行進し、公道沿いのブッシュの中へと入って野営地を探しテントを張ることになった。この野営地は人家に近いこと、家畜の放牧地のため、焚火禁止で全く火の気のないキャンプとなった。寒暖計は氷点下22度、寒くてやりきれない。

テント設営後、私のテントに隊長、小武、白藤、浜田、高田の六人が集まり、浜田さんが持参した日本酒を皆で飲もうとしたが、凍れていたので、高田さんの携帯ガソリンストーブで溶かし、残り少ないほんの僅かの酒にひたりつつ今日の出来事をあれこれふりかえり話題にした。

二人用テントに六人、おまけに皆防寒服を着てぶくぶくに膨れ上がり、窮屈この上なく、身の動きがとれない中、小型ストーブのおかげでワイワイと楽しいひと時を過ごすことが出来た。大切なアルコールは玉手箱の煙のごとく消え、各自しおらしくそれぞれのテントに戻って行った。今夜はいつもより一段と寒気が厳しい。明朝はおそらく氷点下25度以下になるであろう。午後11時30分、寝袋に潜る。

ラクダの春は争いごとが増える

1月23日（水）、晴れ。風なし。気温氷点下32度。

今朝の野営地は焚火禁止、まるで〝極寒地獄〟である。寒暖計目盛は氷点下30度まである。あとの目盛は自らの目測になるが、氷点下32度の寒さでは身の動きすらとれない。

隊員たちは野ネズミのように寝袋に潜り込み出てこない。ウイグル人はテントなしで野外で寝ているので、特別に野火は許されていた。朝の出発近くになってラクダ六頭がいなくなったので、ラクダ引きが探しに行って戻って来た。

午後1時50分。ラクダ引きの一六歳の少年が急性盲腸炎のためカラチク村医院に治療に行くことになり、兄が付き添いで同行しラクダ引き二名の欠員となった。

堤防沿いの原野で野営。今日は明るいうちにテント設営ができる。

ラクダ引きの16才の少年

冬はラクダの発情期でとても気が荒く、あまりそばには近寄れない。雄同士が雌を求めて激しく争い合う。夜には唸り声をあげ、時には互いに挑みかかり攻撃し始める。その度、夜中でもラクダ引きは走って来て争いを止めるので大変な苦労があるようだ。

砂漠の冬の寒さは〝厳しすぎる〟ため、いろいろな〝事件〟を引き起こし、閉口した。

まず、ボールペンは全く使用できないし、テントのチャックは寒さのため動きが悪くなって使いづらい。また大事なGPSは寒さで機能不良を起こす。ウエットティッシュペーパーは凍りついて使えないし、夜、寝袋の中に入れて凍ったのを溶かして使うほかない。また、大事な灯油ストーブのポンプまで寒さのため機能不良を起こす。

夕食午後9時に終わる。水ギョーザ、食後は焚火を囲み雑談。気温氷点下21度。明日はまたタリム河の堤防沿いに東に進む予定だ。明朝もきっと厳しい冷え込みであろう。

カラチク村の店で買ったアイスリンゴの味

1月24日（木）、晴、風なし。気温氷点下26度。

朝食メニューはおかゆ、ナン、ソーセージ。今日から昼食は完全携帯食となる。

昨日カラチク村の店で買って来たリンゴはカチンカチンに凍り付いて、それを削って〝アイスリンゴ〟で食べる。結構うまい。

午後0時30分出発。今日はタリム河支流堤防を東に向けて進行。一面深い森林地帯で、大きな樹木が道の両側にどこまでも連立する。

途中民家があり、家族総出でラクダを見に来た。「ニイハオ」と手を振れば、ウイグル族の娘さんはニッコリと手を振る。ウイグル族の衣装は鮮やかな原色で顔立ちは彫りが深く美人が多い。

この極寒の大砂漠で、砂丘の崖や急斜面と悪戦苦闘し、余力を使い果たしてきたので、消耗を防ぐためにできるだけラクダに乗ることにした。今日は朝からラクダに乗り通しで、近頃はラクダ乗りにも大分慣れて来た。

午後３時30分、携帯食とアイスリンゴで昼食。

大森林がまだまだ続く途中で、ウイグル人の家族がラクダの行列が珍しいと言って見物に来た。その家の主人らしき人がナイフを持って来たので、「何をするのか」と思うと、ラクダ引きはラクダのタテ髪を切って手渡した。次にお嫁さんらしい人が立派な西洋ハサミを持ち、その家の奥さんらしい人もナイフを持って出て来て、ラクダのタテ髪がほしいと言ってきた。大騒動であった。ラクダのたて髪で編み物でもするのだろうか。

夕暮れが近づいていたが、キャンプに適したところが見当たらない。やむなく民家の近くにテントを張ることにする。周囲には焚き木が見当たらず、わずかばかりの草を集めて野火を焚く。乏しい野営となる。

午後10時、夕食終わる。

日本を出発する前に成田隊長から、現地は氷点下10度と知らせがあり、その次の報告では氷点下20度と訂正があったが、実際に現地に来てみたら、氷点下32度まで下がり、皆、予想を超えた寒気の厳しさに閉口していた。

私はヘディンの日記によって予め知っていたので寒さに対する用意はできていた。

1月25日（金）、くもり。気温氷点下22度。

朝食10時。メニューはナンとソーセージ。今日はいろいろ手間どり、出発前に昼食。クラッカー、センベイと水少々。

午後1時30分出発。昨日と同様、パサパサの砂煙を上げながら進む。堤防から外れ、東南に針路を取る。北緯41度23分。東経85度44分。

午後3時20分、いよいよ急峻な高い砂丘に突入。えんえんと続く砂山。ラクダと人間が一体となって懸命に進んで行く。いつも感じているが、この砂漠の探検で一番大変な苦労をしているのは田中カメラマンと助手の高田さんと他二名の隊員ではないだろうか。探検隊の記録を映像に収めるため、カメラ、三脚その他機材一揃えを持ち歩き、我々隊列の前になり後になり、高い砂山と谷間と低い丘陵を幾つも登り降りしながら、弱音を吐かない。皆、不敵な面構えの諸君である。

「大変だなあ。大丈夫かい？」と聞いてもニヤニヤ笑いのみ。皆と宴会の席で「来るんじゃなかったろ？」とからかわれても「ヨカッタと思います」と胸を張る。カメラマンとして大変な働き様だ。素晴らしい記録が残ると思う。

何事もなく、早々と夜が来て、今夜も寒さにおびえながらの寝袋入り。

キャラバン隊で一番大事なGPSの電池が寒さのため電池切れが早くなり、予想もつかない出来事であった。GPS所持者で話し合いGPSの電池節約のため一日中のGPSの使用は二名と決め、中国隊員馬継東さんと大垣隊員が使い、私は朝と夕方の二回だけにして電池保有につとめることになった。

夕食の合図で集合したものの、待てど暮らせど食事の姿はアラワレナイ。準備中の鍋を覗くと、ガスの火力がいつもよりずうーっと弱いのである。寒気が厳しい上、野火もないところでは、寒さのため液化ガスが気化しないのだ。野火があれば、ガスボンベを近づけてボンベを温めることができる。火の気のないところで食事を待たされるのはつらいことだ。全員、腕を組み体を縮め、首をすくめて待つこと約二時間、ようやく食事にありつけることができた。

夕食後、いつものごとく、隊長と地図上にＧＰＳの今日の移動ポイントを記入する。野火がないので、すぐ寝袋に入り〝ミノムシの人〟となった。

第4章

大砂漠末踏地帯

冬の砂漠で火は水に次ぐ御馳走

お椀を伏せたような大小の砂山の広がり

1月26日（土）、曇り。風なし。気温氷点下16度。

朝食はカップラーメン、ソーセージ、ナン。寒さのため灯油ストーブ着火せず。野火で少し温めると着火した。中国隊もガスが着火せず、ボンベを野火で温めるという無茶なことをしていた。

午後0時40分出発。朝から砂山続き、見渡せど三六〇度、波濤万里の世界。お椀を伏せたような大小の砂山が視野の果てまで広がっている。

我がキャラバンの行く手には、高い砂山が高層ビルのように立ち塞がっている。ラクダたちは底なしの砂に足をとられながらも、懸命に登り続ける。ラクダ引きも緊張で目を光らせ、黙々として、一人で六、七頭のラクダたちを引き連れて行く。

午後2時30分。タリム河旧河床が幾条にも分流し、砂山が津波のように

野火を囲み朝食、ラクダ引きと共にカップラーメン（この食事は一番上等品）

郵便はがき

103－0014

恐縮ですが、
切手を貼って
お出しください

東京都中央区日本橋蛎殻町1丁目
35－2　グレインズビル5階52号

青山ライフ出版
読者カード係　行

通信欄

ご意見・ご感想などお寄せください。小社ウェブサイト（http://aoyamalife.co.jp）で紹介させていただく場合がございます。あらかじめご了承ください。

読者カード

青山ライフ出版の本をご購入いただき、どうもありがとうございます。

●本書の書名

●ご購入店は

・本書を購入された動機をお聞かせください

・最近読んで面白かった本は何ですか

・ご関心のあるジャンルをお聞かせください

・新刊案内、自費出版の案内、キャンペーン情報などをお知らせする青山ライフ出版のメール案内を（希望する／希望しない）

★ご希望の方は下記欄に、メールアドレスを必ずご記入ください

・将来、ご自身で本を出すことを（考えている／考えていない）

（ふりがな） お名前	
郵便番号	ご住所
電話	
E メール	

・ご記入いただいた個人情報は、返信・連絡・新刊の案内、ご希望された方へのメール案内配信以外には、いかなる目的にも使用しません。

岸辺に迫っているところにさしかかる。

――この河はいつごろから、流れが変わったのだろうか……？

大河の流れを縁取るように押し迫る砂丘の高さから見て、幾百年も経過していることがわかる。地質学者であれば年代の鑑定がつくだろう。

我が隊は過酷な登り降りを何度も繰り返し、最も高いだろう砂山の頂でストップし、小休止をとることになった。

昼食はナンと水だけ。砂山のてっぺんに上り、急坂で痛む腰を下した。果てしないオレンジ色と茶と灰色が攻めぎ合い混じり合う砂の海だ。風の音だけが渦を巻いて遠く近く走り去る。双眼鏡でくまなく観察していくと、砂山のはるか彼方に小さな虫のような藍色の林の影が望める。皆、もうひと頑張りで、そこまで進むことになった。

この辺りはすでに、有史以来、人跡未踏の砂漠地帯である。だれも歩いたことのない、知られざる秘境である。

「この広い世界、全部、我々のプライベートビーチですね」

と私の後ろでだれかがつぶやく。

皆、くたくたでよろよろ。のはずなのに、声だけは明るい。ラクダと共に進んで行く一歩一歩にも無邪気な喜びがわいてくる。

この辺りは砂地がとても柔らかいため、歩いて登るだけで精一杯だ。

もし仮に近代式の軍用自動車を使って登ろうとしても、空回りして前進しないだろう。だがここに区画整理が入り、観光用道路が整備されたとしたら、敦煌のヤルダンなどと同じく、この素晴らしい雄大無限な無垢の砂漠地帯も一大観光地となってしまうことは疑いない。

空が明るいうちに目的の場所に到着した。目印となった樹林は胡楊でヤナギ科の落葉高木、ポプラの仲間だ。通常は高さ一〇メートル前後だが、二〇メートルに達する巨木もあり、大きいものは直径一メートルを越す。新疆ウイグル自治区に自生するシルクロードの代表的樹木で、砂嵐や強風にさらされるため砂漠の樹木は横に広がり奇怪な立ち姿をしているものもある。あたりには胡楊の枯れ木が無数に散らばっている。

……今夜は焚き木に不自由せず、〝贅沢な野火〟にありつけそうだ。冬の砂漠では、火は水に次ぐ〝ご馳走〟なのである。

午後7時20分の気温は氷点下4度。暖かい日だから、野天で寝るのも苦にならない。夕食は水ギョーザ、ソーセージ、ナン。夕食後、焚火を囲みながら仲間たちと歓談。

キャラバン最年少の16歳の河田君は〝冒険大好き少年〟で、「同級生に〝死んで来るなよ！〟と言われましたが、参加できてうれしいです。来てみたら、砂漠を歩くのもラクダに乗って進むのも大変な苦労で、日本にいたら味わえない素晴らしい体験です」と言う。

今夜のキャンプ地は胡楊の林の中にあり、つないでおく木には困らないため、ラクダたちも静かだ。昨夜は草木一本ない砂丘で、ラクダはつながずに自由行動としたため、発情期の雄同士が雌を求めて激しい争いが絶えなかった。ラクダ引きたちは夜中に何度も起きて、ラクダたちをまとめるのに全員で苦労していた。

橙色の月が照らし出す夜明けの静寂

1月27日（日）、風なし。気温氷点下17度。

午前7時30分起床。外はまだ薄暗い。キャンプ地はかすかな朝もやに包まれている。西の空ではいま、満月が最後の光彩を放っていた。胡楊林の大木につながれたラクダたちは、白いもやの流れのなかでシルエットを浮かび上がらせている。静寂の中で光と影が移り過ぎて行く。やがて陽が昇り金色の朝焼けとともに希望に満たされた夜と朝の一瞬の交代劇は、私がこの砂漠の旅の中で見た最も美しい眺めの一つだ。ウイグル族でなくとも、両手を合わせ目をつむり礼拝をしたいような気持になった。

午前10時30分朝食、カップラーメン、ソーセージ、ナン。先日凍傷にかかった指先の痛みが強く日記を書くことにも不自由する。

午後0時30分出発。早くも大きな砂丘が暗雲のごとく前途を覆う。先導は中国隊員の馬さんで、ラクダ引きと変わらない健脚者だ。彼はラクダには乗らず、徒歩で砂漠越えを徹底し、必ずＧＰＳを携帯し移動先のポイントをインプットしている。

午後2時30分、昼食はナンと水。30分後ただちに出発。隊員は体力の消耗を防ぐため徒歩とラクダに乗ることを併用し、自分の体力に応じて行動をとるのだが、ラクダに乗りっぱなしでも大変な苦労だ。砂丘の下り坂でも、鞍も鐙も手綱もない。裸馬ならぬ裸ラクダである。

荷物を積むために二つコブの背に長さ一・五メートル、太さ五センチほどの棒を左右二本挟み簡単なロープ（羊の毛でできている。一二ミリ程の太さで柔らかくとても使いやすい）で荷物をラクダの背に振り分けにし、その上に両足を前方に出して乗るのだが、慣れるまでは一苦労だ。下りの急坂では頭から逆落としにされたようになる。足からスネにかけては強い緊張が走り冷たくなるほどだ。ラクダは賢く、馬のように従順ではなく、飼い主以外の指示を聞こうとはしない。慣れぬうちは、とても扱いづらい。

午後1時過ぎまで高い砂丘の連続であったが、進路を120度とやや東南方向に修正することになった。そのうちにタリム河旧河床と行き合い、平坦な道になるはず。奈良女子大学相馬教授のご教示により人工衛星写真で了解済みの行動だ。

やがて、期待通り、広い広いタリム河旧河床に出た。流域の岸辺には何百年と斧を知らぬ高く太い胡楊の古木並木がどこまでも続いている。これだけの大木の林がえんえん残っているのだから、水が豊富にあった時代にはどれほど濃い緑が流域を縁取っていたことだろうか。

我々はこの河床をしばらく東に向けて進むことにし、この豊富な樹木の下に焚き木の枯れ枝がふんだんにある岸辺のほとりでテントを張ろうということになった。昨夜に続けて、尽きることのない焚き火の炎を皆で贅沢にとり囲み、盛大な宴を張ろうという訳だ。

今夜は探検隊ではめずらしく白米のごはん、それに私がオホーツク海で釣り上げ持参した手作りの塩サ

夜、野火を囲むラクダ引きのウィグル人

ケ三〇キログラムほどと、凍っているが白菜と羊肉の炒め物など、砂漠奥地としては御馳走尽くしの夜である。日本を遠く離れ、太古の暮らしを体験していると、私もごはんのおいしさにびっくりする。この先、あとどれだけの歳月が経過しようとも、この未踏砂漠で米が作られることはないだろう。中国隊員は鮭の切り身の旨さに驚いていた。かれらは海の魚を初めて食べたのかもしれない。

「……こんなにおいしい脂がのった魚の肉は初メテダ！」

〝美味しい野火〟いくら〝冒険好き〟でも、なぜこんなダレもいない奥地を訪ねて来タノカ？」

がヨッパライたちの赤ら顔をさらに赤く映し出し、中国隊員の素朴な疑問に成田隊長がまとめて応えてくれた。

「そりゃあ、あんたたちもおれたちも、同じニンゲンだもの。だからちょっと、海をまたいで、お隣りさん、こんばんはってやってきたのさ」

上機嫌の私は、キャンプのはしっこで体を休めているラクダをふり返って、

「ラクダさんも、こんばんは……」

するとそこへウイグル人がやってきて「水が出たよ、出たよ！」と言う。

近くの砂山の谷合へ行ってみると、深さ二メートル、直径三メートル程の井戸端でウイグル人たちが砂を掘り進めていた。わずかだが飲めそうな水が出ていた。我々も皆、ここが勝負どころとばかり、ツルハシ、スコップを持ち、交替で砂を掘り進み、水はどんどん井戸端にあふれてきた。

ラクダ使いがバケツに水を汲んでラクダにがぶがぶ飲ませている。ラクダたちは息つく間もない。今日で、五日ぶりに水にありつけたのである。その様子を見てキャラバン全員が顔をほころばせている。

「ここでこんなに飲んでくれて、今後の進路も一安心ですね」と大垣さん。

「うれしいね。ラクダの気持ち、わかるわよね」と小武さん。

しかし、その後で行われた成田隊長、中国隊の王さん、大垣さん、私とのミーティングで、「……じつは到着地アルガン村まで予定日数を一〇日もオーバーしています。ガスも食糧も水も乏しく、ラクダの契約日数も超過しています。ラクダは衰弱して傷ついているから、ラクダ引きの親方は契約通りに帰ることを望んでいます。全体として、予算より費用がオーバーになっている。そのため、途中の集落で引き返したほうがよいのでは……」と王さんから提案があった。

隊長は「ここまで来て、目前でキャラバンを投げ出すことは我々の敗北を意味する」ときっぱりと答え、大垣さんも私も異論なしだ。ここで中断しては、タクラマカン砂漠未踏探検をめざした我々の行路の意義も苦難も水泡に帰してしまう。

「やれないことはないと信じる。やって、乗り超える方途を探ろう」と隊長は言う。

そこで水と食糧は大節約。ガスはあと一〇日分でギリギリなので明日からは軽食かカップラーメンのみとして、全員異論なし。人工衛星写真によれば行く手の砂丘は今後さらに高度を上げ、急峻な難路となるばかりだ。

生まれたてホヤホヤの自分の足跡

1月28日（月）、風なし。気温氷点下18度。

朝、昨日掘った井戸端にどれほどの水がたまったかを見に行く。少しずつだが、確実に水がしみ出している。ラクダ使いはバケツに水を汲みだしてラクダに与えていた。昨夜はおそらく七四頭のラクダに全員交替で水を飲ませていたのではないか。井戸の囲いは水を汲みだしていない場所は厚い氷でおおわれている。大垣隊員が井戸の水を二度なめて確かめてウンウンとうなづく。「塩分濃度０％」と見てよさそうだ。

朝食後、午後０時40分出発。昨日同様、胡楊の大木が密生するタリム河旧河床の岸辺を行く。しばらくすると旧河床も途切れ、高い砂山が行く手を塞ぎ、延々と続く山なみに変わる。小高い丘の上で小休止。双眼鏡で覗いてみると、何とはるか先まで木の一本もない、のっぺらぼう……。

我々は高さ五、六メートル程度のいろいろな形の変化に富んだ砂山を迷路のように上下左右に食らいつき歩くことが多かった。たいていの砂丘は北から南へ向かって続いていた。高い山は迂回して行こうとしたが、正面から越えなければならない難関も出現してくる。ラクダはそんなとき、斜面を利用して巧みに滑り落ち、バランスをとりながら後脚をぐっと伸ばしてブレーキをかける。しかしこの登り降りを一日中繰り返すのだから、ラクダも人間も大変だ。

午後２時20分昼食。ナンと水だけ。三〇分後出発。

私は王さんに「中国には難攻不落のお城が二つありますね。万里の長城と、もう一つは砂のお城です」と言うと、フフと苦笑している。無限に続く砂丘の広がりは、何を持ち出してきても手のつけようがない。ただラクダと人のみが、地の上を這うように歩いて渡ることができる砂でつくられた城である。

そんなところへ命がけで出かけて行くのはなぜですか？　と聞かれたら、何と答えようか。

私は太古からの時間が流れているこの砂の上に、生まれたばかりの自分の足跡をつけてみたかった。悠久の時の流れから見れば、〈人生僅か五〇年〉に倍する一〇〇年であろうとも、人の世を生きるということは、この砂の上の足跡のように風が消して行く一瞬に過ぎないであろう。しかしそれでも足跡を付けてみたかった。実際は鮮明な足跡はできず、足の穴ぼこができるだけだが、それでもいい。

もう一つは、尊敬する探検家スヴェン・ヘディンの足跡を訪ねてみたかったのだ。別の言い方をすれば、ヘディンの足跡に自分の足跡を重ねて、その旅の大きさと困難を同じように実感してみたかったのだ。

……キャラバンの前方はるか黒い点が見え、やがて肉眼で灌木らしき姿が見えてきた。今夜はあの辺りで焚き木を拾い野営を張ろう。

午後5時40分、キャンプ地到着。北緯40度53分、東経86度08分。

薪集めの後、隊長と打ち合わせ。夕食はギョーザだけ。砂漠にあっては、食べられるだけでありがたいと思う。私はテントなしの野天。今夜はラクダが荒れている。激しい鳴き声と暴れまわる何頭もの足音。夜中にラクダに踏んづけられはしまいかと、少し心配だ。

これより、タクラマカン未踏砂漠本番

大変だ、ありゃ、山じゃない、黒い入道雲だ！


1月29日（火）、風なし。快晴。気温氷点下20度。

9時朝食、カップラーメン。


午後2時30分昼食、ナンと水。それだけで一日中過酷な行軍をするので、ラクダも人も弱っている。極寒の地に立つだけで、大変なストレス、消耗、減量、疲弊、衰弱だ。抵抗力がどんどん奪われる。

午後からは一段と斜面がきつく迫り、周囲の光景も暗灰色に一変した。高い頂を超えた向こうにはさらに妖気ただよう大砂丘が姿を現し、その異様さを察知して、隊長が「坂東さん、スゲエやつ、現れた。大変だ、ありゃ、山じゃない、黒い入道雲だよ！」

色々話しかけてくるが、巻き上がる砂と風にかき消され、よく聞きとれない。

「ワッハハ……もう、笑うしかない」と隊長はホントに笑っている。人は悲しいにつけ、苦しいにつけ、笑うものらしい。

「妖怪の山だ、我が隊の〝天敵坊主〟ですね」

「もう、ラクダなしで、泳いで空を渡って行くしかないなあ」
お互い、あとは聞き取れず、首を振ったり、拳を突き上げたり。
しかし、先頭のラクダは奥歯まで全部むき出して戦闘開始で黙々と歩みを進める。それに続くラクダも、人も、誰も何も言わない。皆、余分なエネルギーを使いたくないのだ。隊長も私も口数は減り、ひたすら足下を見て、砂に食いつくごとく歩いている。

この先二時間進めば、黒入道雲の砂山の山裾に出るが、現在の進路東南130度から東南110度に変更した方が、険しい登山路を通らず、なだらかな斜面に行き当たるだろう。

しかしそうなると、灌漑ダム付近を抜けて目的地のアルガン村に到着することになる。ダム付近は公道もあり、農地も開発されていると、奈良女子大学の相馬教授より予め情報を得ていた。それではまた、初期の目的から遠ざかってしまう。

皆と相談の結果、ダム付近へはラクダに水を飲ませる以外には近づかず、通過しないこと、我々の進路は東南130度に確定し、空高くそびえる積乱雲のごとき褐色のお化け巨大砂山に立ち向かうこと、とされた。

「登るも地獄、降りるも地獄、ほかに道はなし。体当たりだ」と隊長。
「大丈夫。これからが本当の未踏砂漠の踏破ですよ」と大垣隊員。
「なんだか、歴史のタイムトンネルに踏み込むようだね」と私。
「皆、まだまだ、元気。全員で砂の城、陥落です！」と王さん。

これからが正念場だ、と私は自分に言い聞かせた。ここに至るまでの死と隣り合わせの体験は、すべてこのお化け坊主の山の尾根道を越えて行く試練かもしれず、いよいよ何人《なんぴと》も歩いたことのないタクラマカン砂漠未踏奥地のただなかに迫っていくのである。

先頭のラクダたちが砂の大山の斜面に足を踏み出した。しかし少し登ると、それ以上はためらっている。ラクダ引きも我々も、声を限りに気合を入れるが、動こうともしない。するとラクダ引きは鞭を棒に持ち替え、ラクダの尻を叩き落とさんばかりに打ち続ける。そのたびに激痛のあまり、ラクダは数歩登ってまた停止する。全員が大声で叫び出し、威嚇するとまた少し歩き、停止する。するとまたラクダ引きの棍棒が殴打を繰り返す。そうやって、止まっては動き、動いては止まり、急斜面の砂を這い上っていくのである。

「中国の映画や小説なんかでは、この辺りでたいてい山影から妖怪が出てくるよね」

「もう出てるんじゃないの。我々には見えないだけだよ」

「砂丘の風は怪しいものなあ。あっちこっちで渦巻いて待ち伏せして」

「そんなこと言うと砂嵐が襲ってくるぞ。弱音はだめだよ」

ラクダが止まれば、乗っている者も歩いている者も

前方を見る

立ち止まり、こんなバカ話をハアハア息を吐きながら交わしている。

強風に白々と砂が舞い上がるほか、目に見えるもの、耳に聞こえるもの、生きているものの気配の何一つとしてない。どこかに妖怪くらいは、潜んでいないとおかしいのではないか。あまりにもシンプルに何もない空間なのだ。ただ青い海のような空と、灰色の海のような砂の間で、ラクダたちの首の鈴の音が可憐に響きわたる。

「生きるためには仕方ないけど、ラクダさんには気の毒だ。虐待だよなあ……」

「こうやって大昔の商隊も砂漠の旅を続けて行ったんだ。生きるために、仕方ないのさ。昔からずっと受け継がれてきた、と思えば、やや罪が軽くなるよ……」

しかし、そうやって何とか一区切りして頂きにたどり着くと、また斜面はその向こうの谷底へなだれ落ち、そしてまた登りだす。風にあおられたメリケン粉のようなサラサラの砂の粒子は、身軽に自由に宙を舞いながら形を変えていく。どの砂山の背にも斜面や谷へも移動して、巨大なノコギリの歯のような砂山や、さざ波のようなやさしい砂山や、様々な形の砂山を作っていく。

ラクダたちは苦しくなると恐ろしいうなり声を発し、頭とたてがみを激しく左右に振り乱し、尾根道を這い上って行くことよりも過酷極まる下りの斜面を恐れた。下り斜面は急流のような砂の流れがラクダの脚にからみつき押し出してくるため、想像を超えた加速度がつく。ラクダは一〇〇キロ近い重荷を背負い、雪崩のような砂の斜面を踏ん張り切れなければ、人もろとも谷底へ真っ逆さまだ。

ようやくの思いで高い尾根の頂に到達し、見渡すと無数の砂丘の尾根が北から南へと走って模型のように続いていた。そこには黒ずんだ谷間の平原があちこちで散在している。

荒野にはタマリスクが水を求めて地下深く根を下ろし、枯れてもろくなった枝を地上にまき散らしている。それをかき集めれば今夜の野営の火種はいっぱいになるだろう。皆、ラクダも人も疲れ果てているため、キャラバンをここで止め、今夜はこの付近でキャンプを張ることになった。今夜の食事は水ギョーザ。皆、打ち解けてきたせいか、火を囲んでいるとこの頃はウイグル人の若者も仲間に入り来るようになった。

白骨のラクダのとなりで寝袋にもぐる

1月30日（水）、風なし。快晴。気温氷点下18度。

8時起床。今朝は昨夜より寒く、凍りついている。使っていないウエットティッシュを寝袋の中に入れて〝シバレ〟を溶かし、一八日ぶりに下腹部、お尻等を拭いた。シャワーに入ったように爽快である。

午後0時5分出発。今日も朝から想像を絶する登りの連続。行けば行くほど巨大な砂山で、砂も柔らかく深くなっていく。ラクダは足を取られつまずき砂の中へ倒れる。そのつど積荷が崩れ、ラクダと人が共に倒れる。

ラクダの力が尽き登ろうとしないと、ラクダ引きは棒で太ももを叩きつける。ラクダは激痛のあまり飛び出すと、次のラクダに縛り付けてあるロープに伝わり、ほかのラクダたちも歩き出す。すると中国語・日本語・ウイグル語の大声が一斉に浴びせられる。砂山を登る時は中国語で、ウイグル語、日本語はラクダに叱咤激励するときに使われるが、ラクダにはウイグル語しか通じないだろう。

ラクダは先頭の一番手が砂山を駆け上がれば、後続のラクダはその後について登って行く。しかし登りつめたはよいが、下りの斜面ではラクダは積荷のまま谷底に落ちないように後足で踏ん張らなくてはならず、一歩一歩、慎重に足を踏み入れて行く。

もはや平坦な砂丘はなかった。はるか東方まで仰ぎ見ても、高波のように砂山が間をおかず続いている。砂山を幾つも乗り越えて、高い頂きから下方を見下ろせば山と山の間にはパイールが北から南へ走っていた。

パイールの土面は堅く歩きやすい。そのため、皆谷間に入ると安心して進んで行く。砂山の谷間に入ると、キャラバンの誰からともなく童謡の「月の砂漠」を自然に口ずさむことが多くなった。

やがて数キロ先には、また怪物級の巨大な砂山が立ち塞がっていた。四つん這いになって砂山の頂上にこぎつければ、ありがたいことにまた谷間のパイールが見える。まるで月面のクレーターのようだ。その少し先にもまた平原がひろがっていた。

しかしどの砂丘にも、どのパイールにも、生きものの気配はなかった。草木一本なしというのは、今夜の野営の火がないことを意味する。夕方近く焚き木を求めて砂丘を乗り越え、探し続けて、ある砂丘の頂で双眼鏡を覗けば、はるか彼方にわずかばかりの木立が見えた。ここから約三時間ぐらい先のポイントだ。ラクダ引きたちの先発隊は、近くに木立がないかと他の砂山の上を何ヵ所も見て歩いたが、木立のある合図はなく、先ほど発見した木立に向かって進むほかはなかった。

約三時間程パイールを進行し、目的地付近にたどり着く。先発隊の中国人、日本人が着いているはずだ。辺りはもうすっかり真っ暗闇。月は出ていない。鼻をつままれてもわからない暗さだ。いよいよ目的の木立が近くなると、闇の向こうで先発隊が火を赤々と燃やしていた。ウイグル、中国、日本隊員の三か国語がなにやら嬉しそうに行きかっている。

ついに本日の目的地到着。全員闇の中でテントを設営、荷物はとりあえずその場に置き、薪集めをした。野火を囲みひと息入れたとき、ウイグル人が私の肩をたたき指差した。すると私の野天寝袋のそばにラクダの白骨体が転がっていた。このラクダは夏に灼熱の熱さと極端な乾燥のため死んだのだろうか。水が飲みたかったろうな。

いまさら寝袋を移動するのも面倒なので、今夜はラクダの白骨体と共にその場で寝ることにした。

白骨化したラクダの傍らで寝る

砂山と砂山の谷間の安楽地には……

どこまでも広々としたパイールの大平原

1月31日（木）、快晴。風なし。気温氷点下21度。

朝食、缶詰めのおかゆ、ナン、クラッカー。

午後0時5分出発。今日も朝から巨大な砂丘越え。二五階建てビルよりも高い砂丘が幾重にも幾重にも重なり合い続いて行く。砂の山脈である。

ラクダは疲れ果て一歩も動かないが、キャラバンは前進しないわけにはいかない。遠く西南を見れば、なだらかな砂丘はあるが、到着目的を考えれば今は針路東南130度方向をはずす訳にはいかない。一生懸命巨大な砂山を越えて行けば東西に約一～二キロ、南北に約五～六キロ程の真っ平らな堅い砂地が必ずと言ってよい程出現する。

その平地にはところどころ、一面に塩が吹き出し真っ白で、さながら雪のようだ。こんな大砂漠のただ中で、どうして砂山と砂山の間に、必ず決まってパイールがあるのか、不思議でならない。

ヘディンの探検記で「砂山と砂山との間には、決まってパイールがある」という箇所を読んだとき、日本の山間部にもある〝谷間〟と思いこんでいたが、現地に来てみると、今さらながらその〝谷間の広大さ〟

に驚きあきれた。私の頭の中にあった「日本の谷間」とは異なり、どこまでも広々とした大平原のごとき〝谷間〟であった。

我々一行が初めてパイールにさしかかったとき、途中の砂山では黙りこんでいた隊員たちがすっかり上機嫌になって口数が多くなった。

「広いねえ……。空は青く、地はあくまでも平らで、〝天下泰平〟ですね」

「風もないし、空は青い湖のようで、おいしそうな水です」

「ラクダに乗って居眠りしたのって、今回が初めてよ」

「孫悟空が觔斗雲《きんとうん》に乗って飛んで行ったお釈迦様の掌って、こんな感じのところかな？」

そんなのんびりした他愛もない話をしたあとで、誰からともなく、懐かしい童謡『月の砂漠』の歌が口ずさまれ、静かな合唱になった。

——月の砂漠をはるばると　旅のらくだがゆきました　金と銀とのくらおいて　二つならんでゆきました……。

砂山の登り降りでは、人もラクダも、衰弱を通り越し弱り切っている。砂山を越えパイールを越え、また砂山を越え、パイールを越え。今日一日、砂の山を五つも越え、草木のある場所を探し続けたが、どこにも見あたらない。やむなく今夜は焚火のない野営をすることになり、各人テント設営、中国側は夕食支度。私は相変わらず野天である。キャンプ地北緯40度43分、東経86度45分。

今夜はウイグル人が手に深いアカギレをおこして痛い痛いと言っていたので、アカギレ用薬を塗ってあげ、予備にビニール袋に入れてあげると大変喜ばれた。現地は極端な乾燥地でクリームを塗っていなければアカギレ、ヒビ割れ等をおこしやすいのだ。

私は自分の寝袋のところに行き、灯油ストーブに着火したが寒さのためか着火しなかった。夕食後は荷物をテーブル代わりに地図を広げてミーティング。兎にも角にも、ラクダに水を飲ませなければ。タリム河で腹一杯飲ませてから幾日たったか。途中で穴を掘り少しは飲ませたが、今日でもう一〇日目で限界ギリギリだ。我々の進路は、来る日も来る日も、水を求めて真東90度へと進むのみであった。……やがて、タクラマカン砂漠に日が落ちていく。人の目にさらされたことのない、未踏奥地の彗星のような夕焼けである。

今日は高層ビルの砂山連山を八つ越えた

2月1日（金）、やや雲あり、風なし、晴れ。気温氷点下2度。

午前8時30分起床。まだ薄暗い。やや暖かい。ラクダ引きたちの朝の礼拝のアザーンが聞こえてくる。今日はダムの水源地を求めて、ラクダに水を飲ませなければならない。昨夜は野火もなく、日、中、ウイグル人もラクダとともに同じ場所にテントを張り、私も完全防寒衣着用で野天をした。真冬はダニ、サソリ、蚊等害虫がなく、雨、雪、露の降水量も少ないため、気温は低くても乾燥地帯ゆえ地面は凍らず、過ごしやすい。今朝は田中さんより、昨日お願いしておいた『月の砂漠』の歌詞を書いた紙を頂く。同じようなイメージの風景があったら、のんびり口ずさんでみたいと思っていた。

午後0時10分出発。昨日はタリム河旧河床を別として、パイールを四カ所越えてきたが、今朝はスタート時点から高い連山を越えなければならなかった。砂山は一〇階から二五階建ビル程の高さが大小幾重にも連なっていく。高い砂山をラクダとともにやっと越えたと思えば、またその向こうには高い山が立ちはだかる。前方のみならず周囲四方、雪をまだらにかぶった大砂丘の広がりである。

消耗と衰弱は限界を超えているが、だれか一人、一頭でも立ち往生したらキャラバンは停滞し、壊滅に至ってしまう。と言えば、大げさに聞こえるようだが、我々の現実はそのようなものだった。生きるためには苦しくとも前進あるのみだった。

ラクダ引きは太い棒でラクダの尻や太ももを力いっぱい叩きつける。しかし、生きて脱出するためには全員が〝動物虐待〟などと言ってはいられない。ラクダは激痛に耐えきれず飛び上がり、力のある限り前進する。ここではそうするよりほかないのだ。しかし、砂山の下り斜面を踏み外し、もんどりうって人とラクダが蟻地獄の谷底へ転落することはもっと恐ろしい最大の恐怖だった。

午後2時30分休憩、私はGPSを見た。ヘディンが北から南下した辺りと交差するかも知れぬと地図を見比べると、明日の昼頃に交差する地点であることが判明。百年程前のヘディンの記録にも我々と同じような苦労が手に取るがごとく見える。

「野辺で焚く雑木は一本もなくラクダに積んだ薪を一日三本ずつ朝夕に分けて燃やした」「我々は夜営に適した場所を求めて長い間あたりを探して歩いた。漆黒の闇のなかを進むうちに、ついに我々は一本のタマリスクの枯れ木にたどりつきその木から薪をいくらか提供してもらってそこに溜まった。砂漠のまんなかの小さな葦のオアシスは今ではすっかり影をひそめてしまっていた」

果てしない砂漠の登り降りの過酷さや、野営のための草木を見つけることの大切さは、我々キャラバンにもそのまま当てはまる同じ困難、惨状であった。

しばらくして、午後の出発の合図が中国隊員のドルジさんより発せられた。彼はラクダの使い方も、日本語、ウイグル語の語学にも通じ、万事簡にして要を得た説明をしてくれる本隊の貴重な存在だ。

出発後は厳しい山坂の連続で体力を使い果たした最後部のラクダがへなへなと倒れ横になり、地べたにへばりつき立ち上がろうともしなくなった。このラクダはもうこれで息絶えるのかと思っていると、ラクダ引きが五～六人で立ち上がらせ、しばらくするとまた元のように歩き出した。こうした調整、管理、いたわりは我々の目では判断がつかない。

午後から全員ラクダから降りて徒歩になった。少しでもラクダの負担を軽くするためだ。皆、足を引きずり引きずり、歩き続けている。今日はすでにパイールを六カ所越した。もうこれで終わりかと思いきや、先頭を見るとまたもや次の砂山を目指して登りはじめている。その時、先頭のラクダが止まったため、つづくラクダたちも停止した。

皆喉が渇いて、水は飲み干してしまっている。幸い停止したラクダに私の水筒を積んであった。何をさておいても水筒とGPSだ。水筒には僅かながらチャポチャポと水の音がし、早速二口ばかりゴクッと飲む。すると中国隊員李江さんが水筒を指し「水をくれ」と言うので、飲み足りなかったが水筒を李江さんに渡した。続く日本隊員三～四名も一口ずつ飲んだ。私のところに戻ってきた水筒には一摘の水も残っていなかった。

今夜の野営地はパイールの真っ平らなところだ。辺りはすっかり真っ暗だ。今日は数えて八つ目の谷間を歩き、つまりビル山脈を八カ所越してきたのであった。

これほどの苦労を重ねてもダムにはまだ遠い。しかし確実に近付いていることは確かだ。明日は水のあるところへ辿り着けるかもしれない。付近には雑草が少しばかりある様子だ。今夜は雑草を燃やし、野火にありつける。そうと決まれば、すぐに草を集め火を燃やす。火があることは、家庭に戻ったような気持ちにさせられるのだ。夕食はカップラーメン。成田隊長と移動ポイントを確認し、明日の計画を打合せ、午後11時寝袋に入る。

百年前のヘディン探検隊と同じ地点

歯型に切りぬかれた影絵の歯

2月2日（土）、風なし。気温氷点下23度。

冬のタクラマカン砂漠は一年で一番天候が安定している。この地へ来てから二〇日余り、強風が吹いた日は一度もない。毎朝の日課で、目覚めると寝袋の中で記憶が鮮明なうちにヘッドランプをたよりに一時間近く日記を付ける。ボールペンは寒さのため使用不能となり鉛筆で走り書きにする。

今朝はラクダのいななきや、うなり声が聞こえない。おとなしい……？　と思ったら、あたり一面雑草地が広がりどのラクダも一生懸命草を食べている。本当に幸いなことだ。腹一杯食べてほしい。

今日も行く手は二五階建て山脈越え。砂漠探検の苦しみが骨身にしみる。もはやこりごりだが、……といって、引き返せば二〇日、目的地（アルガン村）へは一〇日～一二日の行程だ。

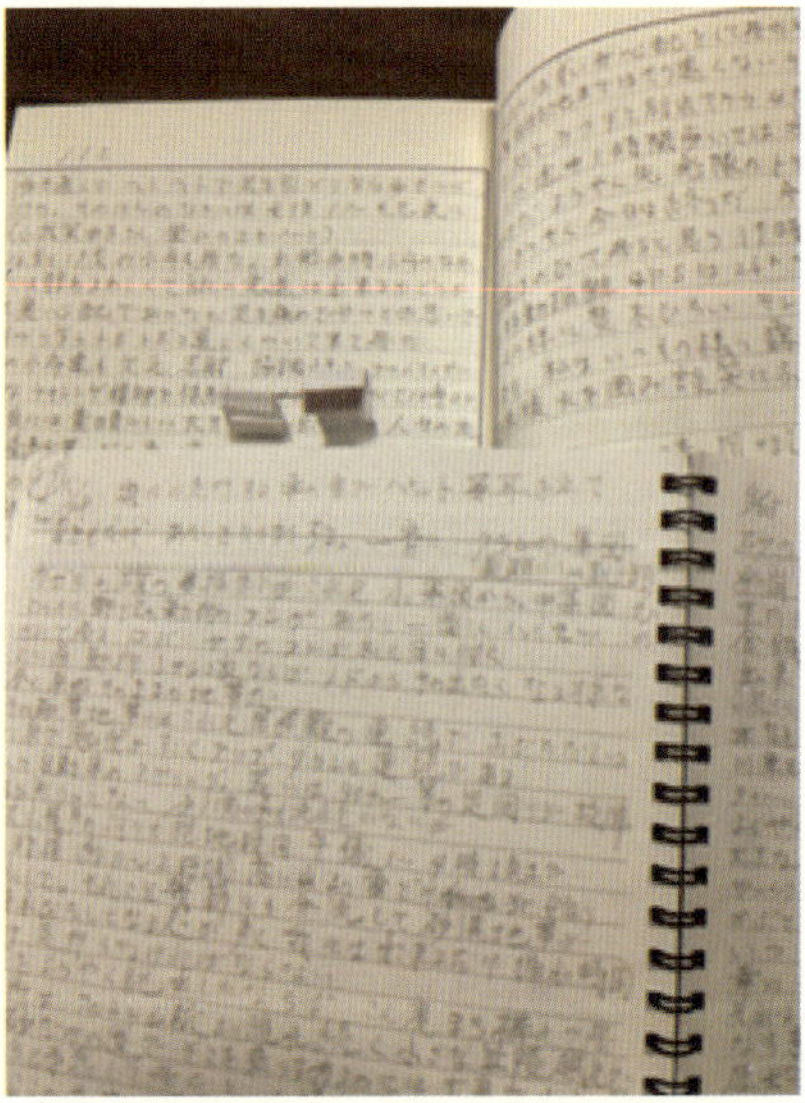

当時の日記。貴重な資料

朝食後、田中カメラマンから仕事のスケジュールの都合で近くの集落から帰国したいとの申し出があった。成田隊長は、「健康上や、予定日数の都合などで、帰国したい人がいれば今夜中に申し出るように全員に伝えましょう」と言う。大変過酷な探検であるから、帰国を希望する人が出てきても不思議はない。

午後1時10分出発。今日のキャンプ地出発は北緯40度43分、東経86度45分。これはヘディンが通過したところと交差する地点だ。ヘディンの通過地点は北緯40度50分、東経86度48分であった。我がキャラバンとほとんど同一地点である。一〇二年前、ヘディンの探検隊はどのような思いでこの地点に立っただろうか。大砂漠を通過したのであろうか。

以下はヘディン隊探検記のこの地点通過の模様である。

「1900年1月1日、日中の行進はきわめて困難であった。平坦な窪地はもはやなかったのである。視線ははるか南方まで届いた。しかしそれはほとんど間をおかず続く乱れた砂の波の上をさすらうだけであった……我々は絶望的なまでに遅々として進まず、ほとんど歩行不可能な砂丘を登り降りしているうちに、ラクダが一頭また一頭と足を踏み外して倒れ、また改めて荷をつけなおしてやらなければならなかった」

世界的な冒険家も、砂山の登り降りは我々とほとんど同じ苦労を伴ったのだと実感する。

しかし地図とGPSでは、そろそろ第一ダム水源地付近に到着しているはずだ。これまでは草木一本見当たらなかったが、この辺りから風景が違ってきている。雑草がありタマリスクあり、胡楊の大木ありで、地下にはわずかながら水脈があるらしく、水が出そうなところがあれば砂を掘ってみたいが、その気配は感じられない。

平らなブッシュの中を突き進んで行く。三〜四人が疲れきってラクダに乗って進む。成田隊長の説明では、ラクダは大変弱りきっているので次の集落チケンリク村よりラクダ引きとラクダ全頭帰りたいと言ってきたとのこと。やむを得ないだろう。ラクダは一〇〇メートル級の砂山を人が乗ったまま下り、荷物を支えるラクダの棒がラクダの背中を傷つけ、皮膚、そして肉も傷つきこの先の移動は無理があると判断したのだ。キャラバンの水、食糧、テントその他の荷全部を積みきれないため、今後約一五～一八日間は全員（体調不良者を除く）歩行になるという。

今日は昨日までと違って比較的底地の進行が多い。底地といっても比較的低いおだやかな砂山という程度である。今日あたりは、ラクダは限界を超え弱り切っている。人が乗っていなくても、ちょっとした砂丘でも、抵抗し登ろうとしない。人間の方は精一杯力を出して登ろうとするが、登り切れず、急な登りは四つん這いになって上って行く。

高い登りの中腹でラクダが二〇頭ほど一団となっているところで、ラクダ引き数人が打合せをしていたが、その後せっかく登った山腹より引き返し始め、キャラバン全体も引き返すことになった。見上げればはるか、高い高い、急な登りなのである。

さながら、巨大なノコギリの歯のようだ。

砂山の中腹より引き返し、はるか北東方面の底地まで進行し迂回しながら砂の山脈越えとなった。今までの苦労は水の泡だ。全隊員引き返し。だが、ラクダと人間の疲れ具合からすれば、致し方ないだろう。

何キロ引き返し進んだことか。また高い砂山に遭遇する。砂山の頂上で周囲を見渡せば一望千里の砂丘の無限の連なりであった。まさに神が作った砂の大海であり、その中にさ迷いこんだら二度と脱出することは不可能だろう。

今日の砂山は昨日の砂山と比べ、少しは楽な方だが、一〇～二〇階建てビルの連続にはさすがにうんざりで、全員、戦意喪失状態だ。私自身もどうにも辛くたまらないが、前へ進むしか、選択肢はない。……あと一五日～一八日の辛抱だ。

――夜食前、全員集合がかかる。ここでどうしてもやむを得ず帰国したい人がいれば今夜中に中国隊リーダー王さんに申し出て下さいとのこと。寒さと睡眠不足と砂山の登り降りで、疲れ果てた人もいるため健康管理上心配して成田隊長が提案したのであった。

帰国の飛行機、ホテル等、予約ギリギリの日数らしい。

午後10時30分、寝袋に入る。

一九歳の実業高校生・加藤君に現在の気持ちを聞く

2月3日（日）、曇り。風なし。気温氷点下15度。

午前9時30分起床。昨夜はとても暖かかった。夜中に防寒服上下を脱いで寝た。砂漠では水分が極端に少なく、砂地が凍らず空気中の水分も凍ることがないせいか、寒暖計が氷点下15度と目盛が表示されていても寒さは骨身に感じない。

朝食メニューは豆入りおかゆ缶詰とナン。今朝はめずらしく五〇〇CC水一本特配。冬とは言え貴重な水だ。生きものの気配がない不毛の土地を我々は黙々とかみしめるようにゆっくり進んで行く。遥か彼方までつづく静けさを破る物音はなく、生きるために必要な水も草も火も何一つない。今は目の前の二五階建てビルの山脈を下ってきて、皆疲れはてヘトヘトで足はもう上がらない。これ以上一歩でも登るのは無理だ。この日も限界を過ぎて次第に不愉快になり、砂の中へ足をとられるばかりであった。

これほどの過酷な自然条件のところには、国家的プロジェクトか軍事演習等で万全のセーフティネットがない限り、だれも足を踏み入れることはないであろう。

やがて、やっと小休止。昼食は携帯食クラッカーと水。昼食の際、加藤君に現在の気持ちを聞く。私は彼が次の集落より帰国をするのではと案じていたが、意外な返答だった。

「こういう何もない砂漠の地で、困難に突き当たるからこそ、それに向かって前へ歩こうという気持ちがしてきます。授業はやり直せますが、砂漠の体験は二度とできませんから、僕はどんな困難があろうともあきらめません」と言う。

また他の若い隊員にも話しかけたところ、加藤君と同じで、最後まで成し遂げたいという気持ちの様だ。こちらが励まされた思いがした。

午後からも砂山の連なりを乗り超えてある頂で、遠い東の地平線を双眼鏡で探ってみると茶色と白い縞模様の慈悲深いパイールが望まれたので、我々は気を取り直しピッチを上げて動き出した。

パイールに下りてくると、平らな砂原には一面白く塩が吹きでているところがある。ラクダと人が通れ

真ん中に加藤君

ばカサカサと小さな音をたてて崩れ落ちた。ラクダ引きの親方が、平地のためラクダで行進してよいと言う。全員疲れきっていたのでラクダに乗れるのは大変ありがたかった。今までの歩きとは違い、まるで高級乗用車に乗っているがごとくラクチンに進んで行く。

午後５時過ぎ、日はまだ高く、静かに晴れ渡っている。砂丘を下り曲がり道にさしかかると、あの空の下の辺り、タリムの大河の流れが見えてきた。早速、歩行停止命令、ラクダより積荷のとり下ろし。河はあるし薪はあるし、今夜はここでキャンプをすることになった。

ラクダには結局一二日間も水を飲ませておらず、弱りに弱り切っているため、ここでは無尽蔵にある水をゆっくりと好きなだけ飲ませてあげることができる。

中国側も今日は久々に早い終わりで、夕食メニューは白飯、カレーライスの御馳走。皆の顔に解放感が

ようやく12日目に水があった

浮かび、火を囲み話に花が咲く。かねてから河田君（一六歳）が居合道を教えてほしいと言っていたので、今日は時間の余裕があるため、まずは武道の基本作法から刀の抜き方、刀の納め方等を教えることにした。砂の上で砂漠用のドタ靴をはき、木刀の代わりに焚き木を代用し、河田少年剣士は頬を紅潮させ懸命に練習を重ねた。見込みあり！　これからも少しずつ教えていこうと思う。夜食午後9時30分カレーライスおかわり可。皆大喜びでおいしくいただく。降るような星の空。午後11時寝袋に入る。

太古のタリム河の変わらぬ調べ

冬の砂漠で生きものの気配はめずらしい

２月４日（月）、快晴。気温氷点下18度。
朝９時起床。朝食は昨夜の残り。カレー、クラッカー少し。
キャラバンの旅もこの頃になると、当初は勇壮として元気があったラクダも弱り切ってきたし、もっと頑丈な戦士のようなラクダも鞍づれが痛ましくひどく悲しそうであった。せめてタリム河の水を飲ませてあげたことが救いだったが、残りの行程が終わらないかぎり、ラクダたちに甘い顔はできないのだ。そんな辛いなかでもラクダの発情期は盛んで、毎朝、雌をめぐって雄同士の争いが絶えなかった。

午後０時30分出発。日々、大砂丘連峰の果てのない登り降りで、朝の挨拶を交わすと、登山家のエキスパートである小武さんもさすがに疲れ果てているようだ。

今日はタリム河沿いに大平原砂漠のブッシュの中をラクダに乗り行進して行く。このままタリム河沿いに東進すれば、次の目的地であるチケンリク村には数日後に到着できる予定なのだ。

タリム河のほとりに生き生きとしたポプラの木があると、その周りには決まって野生のラクダのおびただしい糞があった。ポプラの木の若い芽や小枝は、ラクダの口が届くところはすべて食い荒らされていた。

冬の砂漠で生きものの気配はほっと安堵させられる。

我が隊のラクダたちとは全行程二四日間の契約なので、その日以降は全頭帰ってしまうことになっている。あとは水、食糧、寝袋、防寒服、ＧＰＳ、双眼鏡、その他最小限必要品を各自背負い、到着目的地まで約八日間を徒歩で旅を続けて行く。

相変わらずタリム河沿いに進行して行くと、見渡す限り大平原のパイールに出た。どこまでもどこまでも、真っ平らな砂漠地帯である。ラクダに乗っていると、安楽と疲れで居眠りが出て幾度も落ちそうになった。私だけでなく、皆そうだ。

タリム河は青銅のような厚い氷でおおわれている。水が流れているところは豊かにとうとうと流れている。水温はプラス１度。中国新疆ウイグル自治区第一の大河である。

大平原は所々で塩が吹き出して、塩のため地表が真っ白になっている。積雪のようだ。ほかの平原地も皆同じようであった。

ラクダで進行中、砂山がタリム河岸まで迫って来ているところでは、切り立った急斜面を進行して行くのだが、砂もろとも滑って氷の上に真っ逆さまに落ちてしまうのではないかと気が気でなかった。その河向かいでは遊牧民がのんびりとヤギを多数放牧していた。

日本の川のように護岸をしているところはなく、流れのままにせせらぎあり、深いよどみもありで、ゆったりとしているが、激しい急流もあり、蛇行にまかせて樹木が原始のまま生い茂っているところもある。何か大きな魚が潜んでいるかもしれない。

ウイグル人が教えてくれた砂漠の床暖房

２月５日（火）、曇りのち晴れ。風なし。気温氷点下13度。

朝食は牛乳とナンで、午後０時30分出発。昨日に続き大平原砂漠ブッシュの中をラクダに乗って行進する。極寒ながら日中は陽が差せば暖かいが、ラクダに乗るときは完全防寒服着用でなければ寒くて耐えられない。三日続きの谷間の大平原で、今日もタリム河支流に沿って果てしない大砂漠ブッシュの中を進んで行く。

この砂漠地帯は日本のように雨量があれば農作物の耕作が可能であろう。現在は家畜の放牧に使われていて、ヤギやヒツジの足跡や糞が多量にある。

ラクダ引きはこの山道を覆っているやぶの中を地図も磁石も持たず黙々と過たず東進して行く。我々は地図やコンパスがなければ方位を知ることができないが、彼らは一度見た一本の木、小高い丘でも長年の自然の習慣によって、驚くべき記憶力を持っている。また直径四〇センチ程の立木は斧であっという間に倒してしまう強靭な力も備えている。

途中でタリム河の氷の上を渡ろうとすると、氷がところどころ薄く危険なため、遠回りして進行することになった。ウイグル語の通訳が現地人に尋ねたところ、ダムまで戻って下らなければ橋がないと言う。仕方なく、またタリム河沿いに東進した。

午後５時40分キャンプ地着。今夜は付近に立ち木があり野火にもありつける。

河田君がウイグル人に教えてもらったと言って、私の寝袋の下に少し砂を掘り焚火のオキを砂の上に敷き詰め砂を三、四センチほどかけ、足でしっかり踏み固めて砂の床暖房を用意してくれた。これは信じられないほど暖かかった。
夕食は水ギョーザ。夕食後は河田君に居合道を教え、午後10時30分寝袋に入った。

疲れに疲れて成田隊長とともに

第5章

水の神様のお通り

ダリヤブイ村へ帰るラクダたち

未踏キャラバンは海外観光ツアーとは異なること

2月6日（水）、曇り。風なし、気温氷点下15度。

朝食メニューは玉ねぎとわかめの味噌汁、ナン。本日もタリム河沿いに東進、大平原砂漠のブッシュの中を行く。

苦難を乗り越えた七四頭のラクダたちとも、本当に今日でお別れだ。頼もしいかれらは明後日には西へ一五〇〇キロ、故郷ダリヤブイ村まで引き返す旅に立つ。

我々隊員は、明日はぼろぼろの身体をいたわる休養日となった。ラクダたちが契約切れで帰ると、隊員は寝袋、テント、水、食糧等の必要品を各自で背負い込み、徒歩で残り七～八日間の行動をとっていく。午前中はタリム河沿いをどこまでも東進、ブッシュのある砂漠で休憩をとった。昼食はクラッカーと煎餅と水。昼食時、白藤隊員が今朝の残りの味噌汁をポットに入れて来た。ラクダ引きのウイグル人に勧めたところ、一口飲むと怪訝な顔で首をふった。我々はとても美味しかったのだが、ウイグル人の口には合わなかったようで、民族や歴史により、食習慣も味覚も違うものだと感じた。

夕方近くになり、地図上にあるダムに差しかかる。広い農業用ダム。しばらくダム沿いに進行すると水門があり、橋がかかっていた。ラクダとともに渡り、水門守衛所ですっかりカラになった空き缶に水を満たした。空き缶全部に水を満たすにはかなり時間がかかった。

明日帰るラクダの水も十分満たす。名残り惜しいものだ。またブッシュの中を進んで歩く。国道に近いため、野営をするところが見つからず、しばらくさまよい歩いたが、結局、場所が見つからないので国道近くの森の中でキャンプを張る。北緯40度39分、東経87度28分。

夕食後、成田隊長から呼ばれた。中国隊リーダーの王さんによると、六名の隊員が早期帰国を希望してきたそうだ。本隊員は一三名となった。

計画に無理があったのではないか、という厳しい意見も出たが、隊長の趣意書には「自然条件は非常に厳しく、当然道はなく、前途に予見できない多くの困難が待ち受けている」とある。

「未踏横断探検」を趣旨として掲げ準備を重ねてきた我々としては残念でならない。

「皆、旅の疲れとかストレスもあるよね。苦しかったから……。一杯やっていきますか」と私。

「いや、明日話し合いがあるから」

隊長は寒さや疲労、睡眠不足で体調を崩し、健康上の理由で帰国を余儀なくされた隊員のため、交通や通信も不便な状況の中で帰国の準備を一生懸命に図っていた。

砂漠のおごそかなみやげもの

外はまだ暗い。風はなく空気は乾燥し、夜明け近い紺の空に星が光っている。

やがて東の空が白みはじめ、大地が明るくなってきた。ふと見ると、イスラム教徒のラクダ引きたちが、西の空の彼方のメッカに向かい熱心なお祈りを捧げていた。かれらは一日の無事を願い、生きることの喜びを神に感謝しているのだ。

ラクダ引きたちは遠く離れた故郷の村からやってきて、またその出発地へラクダを引き連れ戻って行く。苦労や悲しみが多い砂漠の日々は、かれらにとってはありふれた毎日の生活である。

朝の清々しい礼拝に接していると、少年時代に憧れたシルクロードの隊商の写真を思い出した。いま私は、そのただなかにいる。私は〝ひいひい〟言って砂漠山谷の過酷な登り降りを越えて来たが、かれらは何も言わず歩き続け、故郷への小さな祈りに無心になっている。その光景に接しているうち、頭の中から〝旅の疲れのようなもの〟がすうっと消えていった。そして私も一日も早く生きて帰って、故郷に残してきた妻や子供たちと会うのだ、という気持ちがひしひしと強くなった。

これは〝ホームシック〟ではなかった。旅の終わりころになってそうした家族への思いが心の底から湧いてきたのは、どれだけ砂を食い、風を食って山野をさまよってきたか、という〝タクラマカン砂漠行脚のご利益〟というものか。

そうではなく、やはりこの地で艱難辛苦を共にしたラクダ引きたちが別れ際に私に手渡してくれた「おごそかな砂漠のみやげもの」なのであろう。

この日も〝シバレ〟がきつく、私は焚き木を拾い集め昨夜の焚火の場所に座り込んだ。乾燥しきった枯れ木を残り火にくべると、たちまち音を立ててめらめらと燃え上がった。

めらめらと燃え上がる炎をぼんやり見ていたら、ふと、気づいたことがあった。

帰国する人たちの水と食糧は我が隊に残っている。ということは、目前の処理に追われている隊長の頭には入っていないだろうが、食料と水の余裕があることになる。

照る日曇る日、いろいろあるものだ。人生、天下は回り持ちである。
この〝知らせ〟を成田隊長のところへ行って、一刻も早く知らせてやりたいと思った。

ラクダたちが別れの挨拶にやってきた……

2月8日（金）、晴れ。風なし。
ラクダたちと別れの日。朝食後、ラクダ引きたちが別れの挨拶にやってきた。私は握手して心からお世話になったことを謝し、深く礼を申し上げげた。言葉はわからないが、ラクダ引き一人ひとりに頭を下げお別れの握手を求める。

ラクダ引きはこれからひと月をかけて、ラクダたちと共に故郷へ帰って行く。かれらは一五〇〇キロ離れたホータンのダリヤブイ村から、家族を残し、この中央アジアの奥地までやって来たのだ。
七四頭全部のラクダが引き上げるのには小時間程要した。短い旅の間ではあったが、苦しみ、喜びを共にした懐かしい仲間たち。隊員たち皆が総立ちで、一頭ずつのラクダに〝熱い眼差しと拍手〟で送り出す。

ラクダとの別れ

私の乗った先頭部にいたラクダや、旅で死産したお母さんラクダとまた会うことはないだろう。

移動予定地のチケンリク村（約二〇キロ先）まで行くトラックとバスがキャンプ地まで迎えに来たので我々は今日の宿、チケンリク第2師34団招待所に向かった。ここは1999年の旅でも宿泊したところだ。当時は市街地は閑散として人家や商店もなかったが、わずか四年後の今回は四車線道路に様変わりし車の往来が激しく、周辺の環境も活況を呈していた。

昨夜のキャンプ地よりチケンリク村まで来る道はアスファルトで、まるで高速道路並みの国道だ。この道路はコルラよりチャルクリクまで続く長い道程である。

午後8時より日本・中国隊員全員による賑やかな晩餐会が行われた。今夜は久しぶりにベッドの上で手足を伸ばしてゆっくり寝ることができる。

時間があったので河田君に「居合道」を指導した。今日で五回目で順調な上達ぶり。また高田隊員にロープのさつま編みを習いながらのんびりと休日を楽しんだ。

一路平安……

2月9日（金）。

招待所食堂の朝食はヒエかコーリャンの粥。一〇人の円形テーブルには種々副菜が並びスープの中に少量ずつ入れて食べる。うまいのでおかわりをした。

帰国する人たちは午前11時にバスでチケンリク村よりコルラ経由でウルムチへと向かった。残った一三人でバスを見送り私たちも中国隊員馬継東さんの案内で出発、チケンリク村を約三キロ程進むとアスファルト国道に出た。

この国道は1999年6月にウルムチからチャルクリクを経て敦煌莫高窟まで行ったときも通った。古代シルクロードそのまま、砂漠の中の悪路中の悪路である。そのため難儀をした記憶が鮮明に残っている。

しかし砂漠の幾山野を越えてきて、悪戦苦闘に慣れたためか、あの散々だった悪路が今はさほど気にならない。

午後5時20分、まだ明るいうちにキャンプ地到着。しかし、予定された宿舎は埃とごみだらけで、結局は野営をしたほうがまし、という結論になった。

焚き木拾いのため、少し離れた木立の中へ入って行くと七～八カ所のお墓が目についた。その墓は中国漢族のお墓ではなく、ラクダ使いたちと同じウイグル族のお墓であった。

私は朝の礼拝を思い出し、ふとかれらのご先祖様の前で手を合わせた。

――一路平安。さらば戦友たち……どうか七四頭のラク

河田君と共に

ダが皆無事で、生まれ故郷の村へ帰れますように。

日干しレンガを積み上げ土で密封した三角屋根に、三角の小さな塔みたいな飾りが載っている。お墓の中には今でも白骨体かそのままミイラの姿で祀られているのであろう。

左・小武隊員（チューニャン）　右・高田隊員

朝《あした》に紅顔《こうがん》あって夕《ゆうべ》に白骨となる

君はどこからやって来たのか?

2月10日（土）、晴れ。風なし。気温氷点下32度。

朝食は乾燥おかゆとナン。

午前11時30分出発、快晴。砂漠の冬は晴天が多く、風は弱く、砂嵐もなく気候が安定している。

到着目的地が近づくにつれ、民家と木々の緑、畑などが目立ち始めてきた。小さな村をいくつか過ぎて商店などもある街並みの中に辿り着いた。皆で三々五々歩き出すと、地元の人にいろいろ話かけられる。

砂漠奥地から来た私の風体は、頭髪も髭も白く伸び放題、衣服は垢にまみれて破れ放題で、仙人になるために修行をする〃オンボロ道士〃のよう。

日本にいるとき、中国の人は話しかけてもそっけないという風評をきいたことがある。しかし町の人たちは、皆、おだやかな澄んだ眼で興味津々で向こうから近づいてくる。

この町の人たちは親しみやすく好奇心旺盛で私たちを歓迎してくれた。

お互い、手まね、足まね、筆談、全身のパフォーマンスで話を交わすのだ。

ある中国人は「君はどこから来たのか?」と不思議そうな顔で聞いてきたので、地図を広げJAPAN

から来て、コルラ市の近くルンタイ付近よりラクダに乗り、タクラマカン砂漠を越えてチケンリク村でラクダと分かれて、ここまで歩いて来た、そしてこれからアルガン村へ行くのだ、と答えると、顔色が変わり、「おお、おお、謝謝！！」

と礼をされ両手で熱い握手をしてきた。私たちがラクダに乗ってタクラマカン砂漠を越えてやって来た、ということがその人の胸を強く打ったようだった。

筆談を交わした人の中には、私と同じくらいの老人が「君は歩いているけれども、水は持っているのかい」と心配して尋ねてくれる人もいた。

私は水筒を指差して「ありますよ」と言うと、彼はにっこり笑って握手をしてきた。私はへたくそな中国語で「謝謝……」とまた礼を言い、手を振り、とぼとぼ歩きだす。

どの国のどの町でも、見知らぬ人からかけられる温かい一言、挨拶がうれしい。長旅のさびしさも疲れも、それだけでスッと消えてくれるものである。

今夜のキャンプ地に到着すると、枯れた小枝が十分あった。キャンプ地点北緯40度25分、東経88度03分。夜営にはうってつけの場所だ。

夕方の冷え込みが強く、すぐさま焚き木を集め野営の準備を始めると、野火の炎に明るく照らし出されたポプラの木がぽつんとさびしそうに立っているのが印象的だ。

一瞬の中にも人生の味がある

2月11日（日）、晴れ。風なし。気温氷点下32度。

寒暖計が示す氷点下32度よりは暖かく感じる。砂漠は乾燥しきって水分が少ないためか、極寒の寒さを感じない。

午前11時15分出発。朝一番から煉瓦の路。路面は一見平らで良いのだが、日干しレンガは一部が砕けたり、角がぶつかり合ったりで凸凹があり、堅い砂地から見ればとても歩きづらい。

午後2時30分休憩､昼食。午後3時出発。煉瓦路を行くと通りがかりの車が何台も止まり､「乗りなさい」と温かい言葉をかけてくれる。

かれらからすると、衣服は汚れ、頭髪は伸び放題、足を引きずりながら、ふらふら歩行している老人が気の毒で放っておけないのだろうか。

その度にかれらの好意を心から謝し、礼を言い、「謝謝」と言って別れて行く。（ありがとう、おげんきで）。ささやかな一瞬の旅情にも「人生の味」がこみあげる。

ラクダたちと別れて四日目、荷物を背負って今日はずいぶん歩いた。だが平地の歩行なので、砂漠越えをしてきた我々はまだ余力十分である。

ようやく先発隊のトラックが進路の遠方に見えてきた。

午後7時、キャンプ地到着。移動距離二六キロ。いつものように焚き木を拾い、テントを張り、皆で砂漠の火を囲む。アルコールは、ほんの〝ひとくち〟〝みくち〟。今日は皆、体力を温存しているので陽気になり、浅酌のつもりが深酒になってしまう。

「この中では意外にも坂東さんが、一番酒に強いんじゃないですか」と大垣さん。

「……かもしれませんね、私もそんな気がします」と隊長。

「朝に紅顔あって夕に白骨となる。若いうちは、飲めるだけ飲んでおくさ。年とったら、そんなには飲めないもんだよ」

「その言葉の使い方、違うとおもいますが（笑い）」と大垣さん。

「坂東さん、街でよく声かけられますね」と河田君。

「不思議な感じでしょうね。オンボロだけど、貫禄ありますし」と高田さん。

「あんたらだって、オンボロ。同じような恰好だよ」

「われわれは水がある時は、ひげそりますから」と高田さん。

「……ボクひとり、乞食みたいに聞こえるじゃないか」

「ボロなのに気にしない人。変わり者が街にやってきた感じね」と小武さん。

「バカだね。それを言うなら、聖者が街にさ」

「聖者とは思わんでしょ。でもニコニコして歩いていますね」と隊長。

「ハハ。そうかい。自分の顔は見えないからねー」

そこへ中国隊リーダーの王さんが通訳と連れ立って訪ねてきた。

「ヤアヤア。いいご機嫌ですな」と言って王さんが大きな焚火を囲み顔を真っ赤にしている我々を見渡し、にこにこした。二人とも酒好き、すでに〝赤ら顔〟である。

悠久の砂漠に思いをはせる

「ハイ。駆け付け三杯。日本には、後から来た人は続けて三杯飲んで皆に追いつく、という習慣があるんだよ」

私はそう言ってコップを渡し、三杯はもったいないので〝気前のよい一滴〟くらいの量を続けて三度注ぐと、二人はアッと言う間に液体を口に放り込み、

「駆けつけ五杯でもいいよ！」

と王さんが言ったので一同大笑い。あとは同じように飲み始めた。

「さっき、坂東さんがラクダの白骨のとなりで寝たという話を聞いてやってきたんですヨ」

「ああ、もう一週間か一〇日位前だよ。あの海のようなパイールの広がりがずっとずっと続いていたところさ」

「私は知らなかったんですヨ。さっき通訳から聞いて知ったので。夢に絶世の美女が現れませんでしたか？」

「えっ？　アア、楊貴妃らしき人が出てきて、私を見てジイサンなのでガッカリして帰っていったよ」

「中国には、旅人の夢枕に美女の妖怪が立つという伝説があります」と通訳。

「すると、あの白骨は雌のラクダだったのかな」

「そうかもしれない（笑い）。楊貴妃じゃなさそうだ」と高田さん。

「ハハ。楼蘭のミイラの親戚かな。それとも旅で命を落とした美しい娘さんだったのかもしれない」と隊長。

するとと王さんは赤ら顔をさらに赤くして、

「この砂漠には古来さまざまな旅人が眠っていますから。ラクダのとなりに寝てもらって、死者の霊魂も慰められたかもしれません」

「王さんの言われる通りだ。坂東さん、タクラマカン砂漠を旅するものとしては、よかったんじゃないですか」と隊長。

「……言われるまで、忘れていたよ。あれは美人の白骨だったのかなあ。もっと近くに寝袋を置けばよかったね」

生きて千年、枯れて千年倒れず

胡楊樹の老木の芸術的な森の佇まい

２月12日（月）、快晴。風なし。気温氷点下30度。

最終予定地が近くなってきた。ラクダと別れた後、昨日までは本部トラックと連絡の都合があり、国道に沿って砂漠地帯を平行移動しつつ歩行を続けて来たが、今日からはまたラクダなしの砂丘登山だ。人が入らない未踏砂漠は砂丘の表面が柔らかく、深く、足をとられやすいため、一歩一歩根気よく前へ進まなければならない。

山あり谷ありの砂漠踏破の強者たちは、それぞれ安定感がある。

その中には女性ただひとり、登山エキスパートの小武さんがいる。また、お父さんが参加予定していたが仕事の都合で来られず、その代理で夢を託された一六歳の少年がいる。一九歳の実業高校生は、新聞でこのキャラバンの砂漠挑戦を知り今はお金はないが、社会に出たら一生懸命働いて返す約束でおばあちゃんから借りて参加してきた。

今回の砂漠踏破の旅は百年前のヘディンの探検と同じ条件で、無線・携帯電話等の通信手段は持たず、最終的な生命危機の救出・救助要請に対応して中国隊リーダーの王威さんが衛星電話を携帯している。

今日は砂山のアップダウンが激しい。寄せては返す波のように襲いかかってくる。……少しラクなところはないものか、と双眼鏡を覗き見ていると、はるか南の方角に平らな砂丘を発見した。一瞬、おお、とばかり早合点し顔を上げるとそれは我々の進路から大きく外れていた。しかし、途中、胡楊樹の老木大樹の芸術的ともいえる森林を通り抜けることができ、キャラバンの皆を喜ばせた。

胡楊樹はヤナギ科の落葉高木である。和名はコトカケヤナギ。タリム河沿いの乾燥地帯に多く生育しているポプラの仲間で、寒冷と日照りに強いだけでなく、アルカリ性土壌にも強い生命力を持っている。最大で高さは一五～二〇メートル、幹の太さは直径約一～二・五メートル、太い幹の中には多量の水分が蓄えられており、穴を開けると樹木の水が吹き出す現象は〝胡楊の泪〟とも呼ばれている。中国のことわざで、「胡楊は生きて千年枯れず、枯れて千年倒れず、倒れて千年腐らず」と言われている長寿の木である。

広い荒野に悠々と胡楊樹の老木、大木が空に屹立し、遠近に散在する様は遠い時間を感じさせ、城郭都市のような風格と祈りをこめた古代人の彫刻塔のような趣があった。

「生きて千年枯れず、枯れて千年倒れずというスケールは中国らしいわね」と小武さん。

「倒れて千年腐らず、というのはすごいよね。寝たきりになったらそう思うことにしよう」

「寝たきりで千年も生きたら、大変だわ」と小武さん。

「大樹、老樹が遠近に並ぶ空間の均整の美しさ。森の神様は芸術家ですね、感心しますよ」と高田さん。皆、圧倒されている。

砂漠の胡楊は地下水位に敏感で、河の流路変化や地下水位が低下することによって簡単に枯死してしまうと言う。

「何百年も昔、豊かに河が流れていたころはこの辺りは緑も豊かだったろうね。砂嵐や流砂で河の流れが変わって大木たちの森は枯れ木になってしまったんだろう」

シルクロードの胡楊樹の枯死した群落の美しさは有名で、秋には黄葉の名所として多くの人たちが訪れる観光地にもなっているが、しかしここタクラマカン砂漠には風と木と空以外、何もない。何だか、我々がいるだけで、胡楊樹の森の木々がはずかしそうに人見知りして見える。

病も事故もなく全員で未踏砂漠踏破達成！

タリム河の河床の森林地帯の平地を行き、ほっとしたのも束の間、しばらくすると慈悲深い平地の景色も途切れ、行く手を遮るようにアップダウンの激しい砂一色の丘の連なりが待ち構えていた。

「砂山詣でがはじまりましたよ！」

「またふたたびのローテーションですか！」

皆、気落ちしたように下を向き、口を利かなくなった。話しかけても、首を振ったり、頷いたりの生返事ばかり。黙々と砂の山を登り、潜り、滑り落ち、また進み、そのうちに迷子のように時間の経過もわからなくなった。

大きな砂山の峠の斜面で辺りを見回すと、皆へなへなと座り込んでいた。さすがの隊長も立ち上がる元気がないようだ。疲れ切って、砂の上に大の字になって休んでいた。

一休みしたのち、私は小高い丘の上まで進み、双眼鏡で覗き見ると、タリム河沿岸の森一帯に茶色く枯れた帯が見えた。その五、六キロ先には小さな集落が点在しているのが見える。……我々の目的とするアルガン村は、もう〝目と鼻の先〟といってよかった。

私もヘナヘナ腰を上げ、気を取り直して、また綿々と歩きつづけたが、過労と足の痛みで身体が崩れそうになる。ピッチが上がるどころか、目標となるポイントには一向に近づかなかった。目標地点は、アルガン村手前のタリム河と国道が交差する橋のたもとだった。

皆足を引きずるようにして、斜面を泳ぐようにして、普段の半分にも満たない速度で歩いて行った。タリム河の沿岸は森林地帯になっていたが、いま我々の歩いているところは国道から少し内陸に入った砂漠のデルタ地帯だ。

我々の進行するところは人家が近いせいか、左側には国道がえんえんと延び、電柱も何本か見え道路標識もすぐそばに見える。国道へ出て歩きたかったが、「未踏区域を踏破する」という我が隊の規則で、ゴール間近に至っても公道を通ることは禁じられていた。

長い長い灰色の砂丘の背中をしつこく登り降りして、やっと広い平原に出ると、タマリスクと胡楊樹が散在する森の迷路が口を開けていた。

この辺で一休みしないと持ちそうもないな……と小高い丘の上でボロ雑巾のようになった体と腰を下ろし、前方を見渡すと先発の四、五名が国道沿いの一角に固まっているのが見えた。

「あれだ、もうひと踏ん張り……！」と、

上がらない脚をつかまんばかりに持ち上げて、「がんばれ、がんばれ」と声を出しながら、先発組のいるところまで皆ヨロヨロ、クタクタで千鳥足でたどり着いた。すると先発組は「到着地点は約一キロ先」だと指をさす。なるほど、約一キロ先にはトラックのテールランプが見えた。

……もうこれ以上は、きつくて足も前に出ないというときだったが、皆大きな歓声を上げ「万歳！」を叫び、握手、握手。私も、嬉しくて嬉しくて、仕方がなかった。

すでに陽は傾きかけ、夕闇がしのびよっていた。それでも皆、カラ元気で興奮してはしゃぎ、生き返ったように明るい。まだ後ろから必死で後を歩いて来る隊員もいたので、

「ここまで来たら、全員の集合を待って、一致団結でゴールを踏みましょう」

という隊長の意見で、皆が横に並んでゴールの雰囲気をつくって待つと、後から来る面々の表情もハツラツとしていた。

やがて、皆揃って、空から〝希望〟が降ったような万歳三唱となった。

我々はいま、五〇〇キロ近くに及ぶ遠大な道程を耐えて歩き続け、病気もアクシデントもなく元気に手を取り合って、目的を達成しこの地に立っている。

極寒のタクラマカン砂漠踏破にあたり、厳しい環境と条件の中で危険と向き合いながら苦労を共にしてきた一三人の隊員たちは、だれも成し遂げなかった「未踏砂漠踏破」

最終日の夕暮れ時、到着地が見えて歓びにわいたすぐあとの姿。
高田隊員と共に

という新記録を樹立し、それぞれに満たされた思いで自己の夢実現の瞬間を心に深く刻んでいたことであろう。

歴史も民族も超えた異郷の夜の夢

アルガン村は、三〇戸ほどの土塀の民家がまばらに散らばる小さな村だ。

村のメインストリートには、一軒の売店と二軒の食堂があり、そのほかにはこれと言って何もない、平和で静かながらんとした村だった。

しかし、我々一行が雪が残る村の入口に到着すると、小さな村がはじけ飛ぶほどの爆竹が鳴らされ、老若男女から子供まで村人たちが総出で迎えてくれ、沿道からいっせいに拍手と声援を浴びせかけてくる。びっくりするやら嬉しいやら、我々も胸がいっぱいになり沿道の人々に手をふり挨拶し、大声で叫び返す。

「××××××!!!」

「××××××!!!」

何を言っているのか、お互い、わからないが、「歓迎!!」「謝謝!!」「遠くからようこそ!」「ありがとう!　こんにちは!」と言い合っているのだ。

村の広場へ至る坂道を上がると、この大げさな歓迎の張本人である中国隊の先発組がいた。我々は先刻まで皆、精根尽き果て、崩壊寸前で路上をもがいていたが、一足先に着いていた中国隊は冗談ではなく真顔で拍手し、泣き出さんばかりに感動している。

はじめは大歓迎に照れて笑い転げていた我が一行もしだいに感激で胸がいっぱいになって来た。「無事生きて帰ってこれてよかった」という実感と安堵が不意にこみ上げてくる。「よかった、よかった」と隊長が鼻声、私も嗚咽し、高田隊員も目をうるませている。皆、「タクラマカン砂漠踏破の記録達成」の感激の奥底に、口には出せなかったが生還の喜びは大きかったのだ。

夕闇が少しずつ迫っていた。陽が落ちたあとの淡い青い空が村の人達が集まる広場の上に波紋のように広がっている。村の長らしき人と青年団に案内されて、広場の隅にある集会場のような建物に辿り着くと、そこで改めて我々の記録達成を祝う式典が開催されるという。

一五畳程の集会室に三〇人近い関係者が上がり込み、あとははみ出た人達と子どもたちが出口の前で群がった。騒ぎが一段落すると、さっそく中国隊リーダーの王威さんと成田正次隊長他村の関係者の方がお祝いの挨拶を行うことになった。

最初に村長らしき白髪の老人が「日本から来

アルガン村に到着

た探検隊が前人未到のタクラマカン砂漠を越えて先ほどわが村に到着されました。真冬の悪条件の中で大変困難な旅を続けられて、大きな事故や災害もなく、皆さん無事に到着し、慶賀に堪えません」という意味の話をされた。

次に成田隊長が心のこもったお礼を村人たちに申し上げた。

「タクラマカン砂漠は世界で最も謎の多い古代秘境の一つです。人が入ったことがないためにどんなところか、知られていないところがたくさんあります。そのような未知、未踏の砂漠の彼方に入り込み、ラクダとともに無数の砂丘と連山をこえてここに無事生還することができました。

このアルガン村を囲む砂丘の山なみのその向こう、さらにそのまた向こう、遠いはるか先には一体何があるでしょうか。きっといつか、皆さんもこの村の向こうへ出かけるときがあるでしょう。そのとき、我々キャラバンがたどってきた旅の記録とご報告が何かひとつでもお役にたてることがあればこれに勝る喜びはありません。最後に村の皆さんが旅人の我々を温かく迎えてくれたことに心から深く感謝いたします。ありがとうございました」

次に大垣隊員が日本隊を代表して、長途にわたり中国隊の勇敢で誠意溢れる懇切な援助を受けお世話になったお礼を述べた。

祝辞が一段落したところで、私は砂と風でぼろぼろになったバックから大切な〝宝物〟を取り出してきて、中国隊のリーダーの王さんにうやうやしく差し出した。それは日本を出るときに用意した、自分で作った中国の国旗と、日本の国旗である。

私は、民族を表す国旗に大小の差がついては、民族間で不快感が生じるため、二つの国旗を寸分たがわぬ全く同じ大きさに作ったのであった。

双方の国旗を目の高さで持ち、王さんに中国国旗をささげ、差し出したのだが、すると、私のつくった国旗を受け取る手が緊張のあまり少しふるえているではないか。

頭を下げて一礼した王さんは真剣な面持ちで、顔を上げると目を赤くしている。王さんだけではなく、まわりにいた中国隊員もみな直立不動になって自国の国旗を渡されたことに、大きな誇りと感動を持っているのが伝わってきた。だれもが皆、顔を赤らめふるえるほど緊張していた。

両国の隊員がそれぞれに国旗を高く両手で掲げると、それは歴史も民族も言葉も宗教も超えてキャラバンの心が一つに融け合った瞬間だった。そのとき確かに、向かい合った我々と、中国隊員の間をぬって龍の背のような透明な鱗のかがやきがうねり過ぎたようであった。

私はそれを見たことを告げたくて、通訳を呼んで話すと、「それはタリム河の太古の支流です。小さな支流はいくつもありますから、タクラマカン砂漠の秘境にはまだだれも見たことがない支流もあるのです。水の神様がお祝いを伝えようと遊びに来たのかもしれません。王さん

両国の国旗に全員威儀を正し、深く礼をなし万歳三唱して

に伝えてみましょうか」と言う。

何だか冗談半分に冷やかされたような気もして、

「……いや、いまの話で納得したからいいですよ。まあ、今夜は王さんとたくさん飲むよ」

もし王さんにそのような〝お伽噺〟を話したら、伝説好きの王さんは大騒ぎして、水の神様があわてて逃げ出すかもしれない。

私は、目の中を通り過ぎた川面の青い輝きを自分だけの思い出にして忘れないでおこうと思った。

日本隊も中国隊も、村の人たちも、皆、心の底から喜びを分かち合い、一つに溶け合っている。キャラバンの到着を我がことのように全身で感動する村人の姿が、私たちには身に沁みてありがたかった。

……ラクダもいっしょだったら、もっとよかったなあ。

今宵は旧暦の12月31日、明日は中国では正月元旦である。

夜半頃から、アルガン村では一晩中花火が打ち上げられ、夜空に大輪の花が咲きつづけた。我々一行を驚かせた中国隊の派手な歓迎ぶりは、村のお正月の前夜祭のようなものでもあった。

この砂漠探検は困難に次ぐ困難の連続で、体力、精神力を必要とし、身体が弱ると当然このような厳しい自然条件下では精神力も乱れてくる。

そんな中で中国隊リーダーの王威さんの存在と協力は大変大きく、この旅の重要な役割をになってくれた。

翌日、我々一行は五〇〇キロ離れたウルムチ市までバスで行った。

ホテルで探検完遂歓迎会の席上、新疆ウイグル自治区旅遊局の方より祝辞を頂き「人跡未踏の冬のタクラマカン砂漠横断探検完遂はまさに英雄的行為であります」と賞賛を頂いた。身に余る光栄と、困難を克服して目的を達成した隊員全員が喜びに満ち溢れていた。

２月13日、有志九人はアルガン村よりさらに一三五〇キロ西のカシュガル市まで行き、次なる探検地の視察のため、中国とキルギス共和国の国境の標高三七八〇メートルのトルガルト峠まで赴いた。２００１年のアフガニスタン問題後、国内外を問わず誰一人として通過が許されなかった区域である。その先の目的地まで進入することはできなかったが、中国解放軍国境守備隊から特別許可が下りたのは、我がキャラバンのタクラマカン砂漠未踏地帯踏破行が認められたからであった。

中国とキルギス共和国の国境

天山山脈の西の彼方

トルガルト峠国境守備。
キルギス共和国の守備はキビシイ

—2004（平成16）年—

秘境北緯三十九度線　—二〇〇キロをラクダで横断する

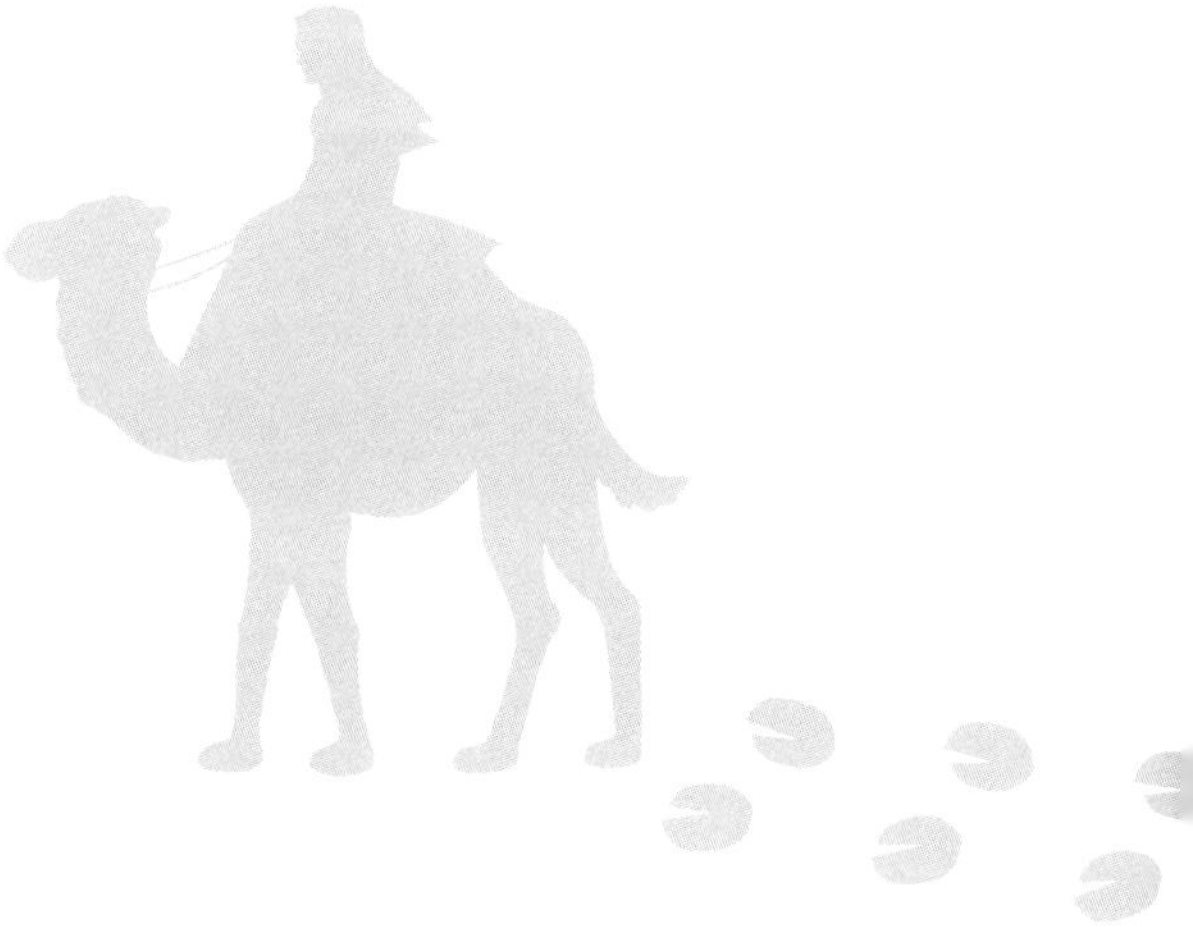

移動距離	第一区間（石油センター→マザタグ）	126.3Km
	第二区間（マザタグ→塔中）	271.8Km
	第三区間（塔中→チャルクリク）	390.3Km
	直線移動距離	788.4Km
	73日間蛇行移動距離	1200Km

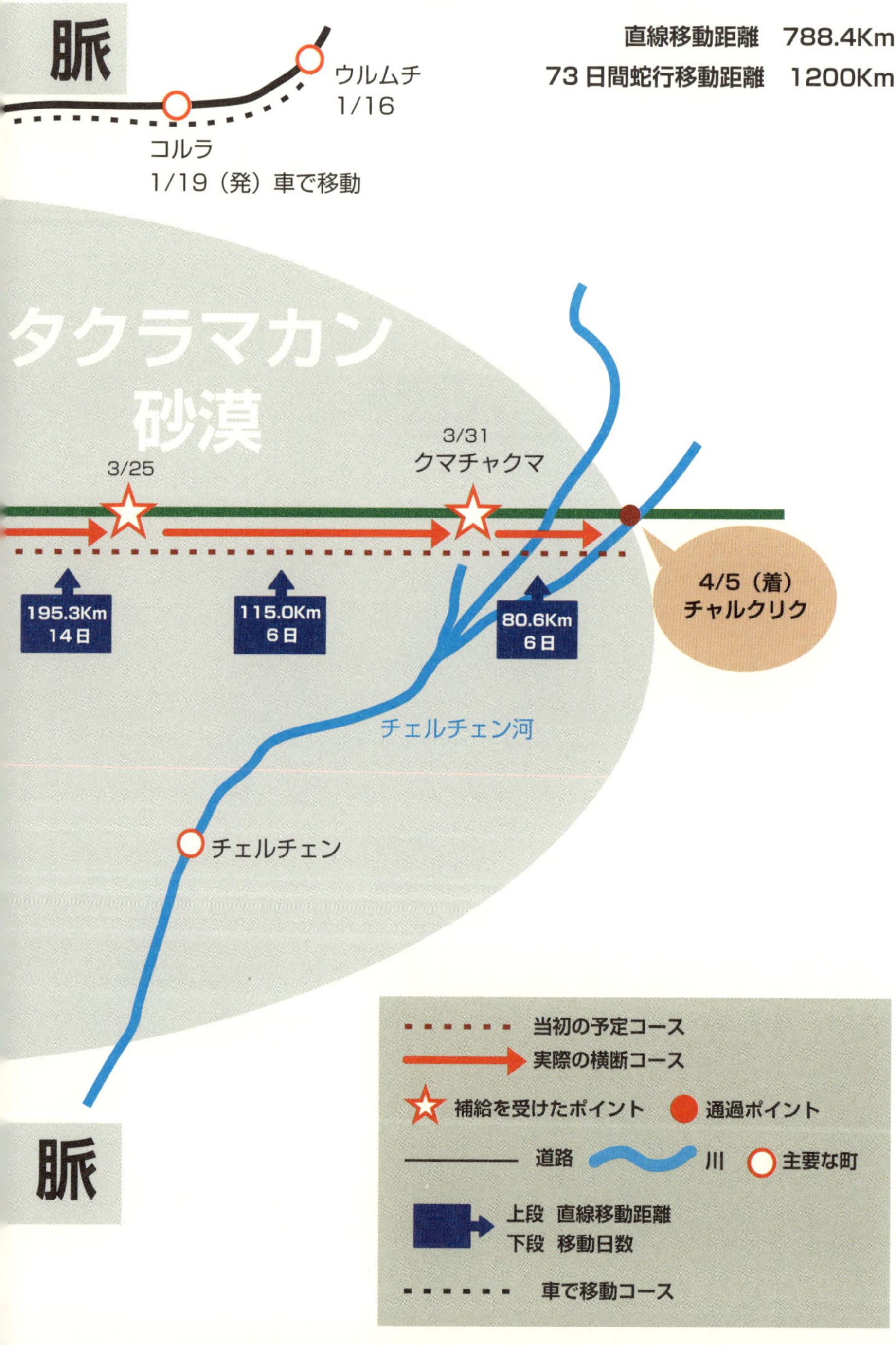

タクラマカン砂漠北緯 39 度線横断ルート図

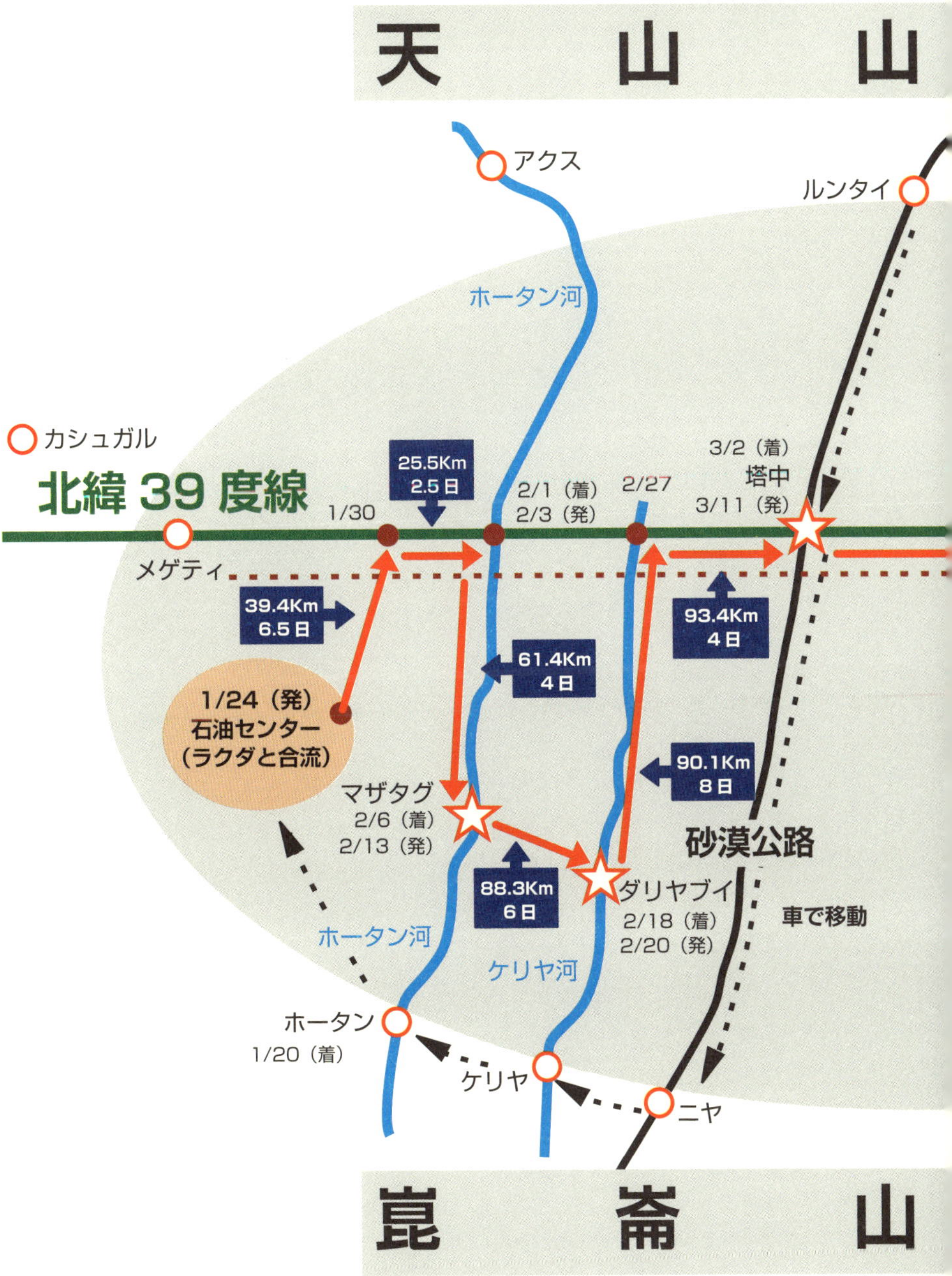

第6章

秘境北緯三十九度線横断探検

大砂漠の西の端から東の端まで……

未踏砂漠一二〇〇キロの遥かな旅路

私はこれまでにタクラマカン砂漠とその周辺を幾度となく訪れたが、二〇〇四年一月にはその集大成とも言うべき「北緯三十九度線横断の探検」へ旅立つことになった。

これはタクラマカン砂漠の〝西の端から東の端まで〟、およそ一二〇〇キロの大砂漠の道なき道をラクダと共に越えて行く旅である。

北緯三十九度線は、タクラマカン砂漠の最も起伏が激しい南北中央に位置し、屏風のごとき砂の山が聳え立ち、果てしなく連なっている。〈人跡未踏〉どころか、生きものの影形すらない、光と風と砂のみが往来するアジア最奥の辺境の地だ。

一九九三年、イギリス隊がこの周辺地帯を六〇日間で横断し、二〇〇一年にはアメリカ隊が三五日間で横断を敢行している。しかし、これらの横断は、食糧、水、ラクダの餌等を自由に補給できるオアシスを幾度も経由し、安全性と経済的支援に裏打ちされた国家的プロジェクトの一つである。それは遠い昔、災厄や飢餓や水との闘いの中で地の果てをさまよった旅人たちの夢の足跡とは少し別のものだろう。

私のもくろみは、途中物資を補給するオアシスを一つの基点とし、出発より到着までの全行程をラクダと人のみで踏破し越えて行く〝原始の旅〟であった。

この無謀な計画について、東アジア探検の専門家である成田正次さん（二〇〇一年より我がタクラマカン砂漠探検隊隊長）に相談すると、「いよいよ〝死の砂漠〟との決着の時ですね」と果し合いのような言い方をした。私は身がひきしまる思いがした。

「個人予算で決行するのは無理だから、参加者を募ってぜひとも実現させせましょう」

「北緯三十九度線は百年前探検家へディンたち一行が、さ迷って大惨事を起こした頃と変わってないからね。危険地帯で不安が多いから、人が集まるかどうか……」


その後、前回の探検同様、旅行代理店の協力を得ながら、綿密な協議を重ね、調査や確認作業を経て、「タクラマカン砂漠探検の参加者募集」計画が実現する運びとなった。

我がキャラバンの旅程は、砂漠歩行日数は予備日を含めて六七日間、平地歩行等と合わせて実行歩行日数は七三日間、全行程は直線距離九一九キロ、蛇行距離を見込み実行距離として、一二〇〇キロの構想である。

水、食糧、ラクダの餌等の補給確保は生命線であり、日本人二名、中国人二名、ウイグル人二名で各隊より計六名、ラクダ一〇頭による特別任務をもった輸送小隊を編成することになった。探検ルート上に一週間から一〇日分の水、食糧、ラクダの餌を約六〇キロ程先に前もって搬送して、そのルートを幾度も引き返しベースキャンプ地、塔中で荷物を積み込む。そして、本隊と合流してルート上に戻るという方法で、それを繰り返し北緯三十九度線上の横断を可能とする。

キャラバンの通過ルートは、
①第一区間……北緯38度54分、東経77度39分のメゲティより北緯39度11分、東経80度52分、ホータン河の河床まで直線距離約二九〇キロ。
②第二区間……北緯39度00分、東経80度52分のホータン河の河床より北緯39度11分、東経83度34分の塔中（オアシスの街）まで直線距離で約二二五キロ。
③第三区間……　北緯39度00分、東経83度34分の塔中より北緯39度00分、東経88度09分の最終到着地点のチャルクリクまで直線距離で四〇四キロメートルである。

出発予定が決まった一ヶ月前のある晩、札幌の成田さんから私のところへ電話が入った。

「……ところで、今回は一つ、お願いがあります」

「何でしょう。できることは、何でもやりますヨ」

「今度の探検は、坂東さんが隊長で、指揮をとっていただけませんか？」

「えっ？　……だって、そ、そしたら、成田さんはどうなるの？」

「私はサブに回り、坂東さんを補佐します。」

「どうして？　あなたはプロの探検家でしょ、素人の私が隊長なんて。それは無理ですヨ」

「素人じゃない。タクラマカンに五回も赴く猛者はいません。坂東さんは、〝プロの砂屋〟です」

「それはちょっと、どうでしょう……」

「いや、私は、過去四回の探検で隊長をやらせてもらいましたが、タクラマカンも今回が最後になりそうですし、坂東さんには毎回いろいろな事でずいぶん助けてもらいましたが、今回は全体を大きく見渡し、重要な進路の決定や全隊員の人命を第一に考えて、そしてラクダの水や状態などを把握するために、裏方でサポートしたいと思っています」

「ああ、わかりましたよ。いいですよ、隊長でも班長でも何でもやりますよ」

「成田さんの肩書は、どうしましょうかね」

「何でもいいですヨ。〝総隊長〟でどうですか？」

成田さんは旅での病気、事故等その他問題が起きた時に、その問題に対しての責任を考えて総隊長という立場に立ったのだ。

ともあれ、時は２００４年1月13日、私は帯広空港より関西空港へ向かい、前回参加のメンバーと旧交を温め、その翌日は北京空港へと向かう〝空の人〟となった。

七八歳の冬のことである。

ラクダ引きの兄弟のお母さん

「タクラマカン砂漠横断探検記者会見」

——1月16日、北京発の飛行機でウルムチ市に正午到着。伊力特酒店ホテルで手続きを終えると、先発した総隊長の成田さんより緊急連絡が入っていた。カシュガル市方面で伝染病口蹄疫が発生し、「動物移動禁止令」により予約したラクダが移動できなくなったとのこと。急遽、別の対処策を考えなければならない。

1月18日は旅行会社「中青旅社」で、中国新華社通信、中国中央電視台による「タクラマカン砂漠横断探検記者会見」が行われた。これは代表として私が出席し、通訳は王星《ワンシン》さん、三〇名程の記者や関係者が会場に押しかける会見となった。

——(記者)あなたたちはなぜ、人跡未踏のタクラマカン砂漠奥地へ探検に出かけるのですか?

「タクラマカン砂漠はかつてのパイオニアたちが幾多の困難を冒して探検調査を行ってきた人類の遺産です。しかし、この百年の間に忘れ去られ、限られた一部の人々の間でしか関心を持たれていません。

そこで今回は、砂漠の中央を西の端から東の端まで横断突破して、砂山の高さ、砂の深さ、広がりなどの外観規模や、気象、水脈、動植物の生態等さまざまな面から観測し、実態を調査したいと願っています。

――今回の探検の全行程はドキュメンタリーとして日本のテレビでも放送されるそうですが。

「日本のテレビ局のNHK取材班も我々と行動を共にして、探検の様子を日本をはじめ、他の国もBSワールドを通してご覧いただける予定になっています」

――タクラマカン砂漠は別名〝死の砂漠〟と呼ばれる危険なところですが、不安はありませんか。

「不安はありますが、それを上回る大きな感動や発見が我々を待っていると思います」

――西の端から東の端を横断する北緯三十九度線横断突破の成功の自信はありますか？

「砂漠では〝水と食糧〟の確保が生命線です。そうした安全管理と、日本隊、中国隊の結束が成功の決め手となるでしょう。キャラバン全員で助け合い、困難を乗り超えて、横断探検を達成したいと思います」

――人類の歴史へのはるかな旅の成功と、無事をお祈りします。

「我々としてもこの探検調査が地元の方たちや関係者の方々に少しでもお役に立つことを願っています」

会見の内容は翌日の中国の新聞、テレビ等その他のメディアでも紹介された。……私はリラックスを心がけたが、不慣れな席で、過不足なく話すことは難しい。

1月19日（月）、コルラボスティンホテル泊。

翌朝から、バスで大湿地帯の中を一直線に進んで行く。

この道は一〇年程前、中国が地下資源開発のため新設した五〇〇キロの砂漠公路だ。一直線道路の周囲はブッシュと胡楊の木がまばらに点在するだけの、果てのない原野である。時折り忘れたころに、ポツンと民家が現れては視界から消え去って行く。

砂漠公路の両端をおおう雪が少なくなりかけたころ、高い砂山が遠方に三角頭を覗かせて来た。道路の両脇はえんえんと飽きずに、ポプラを植林するための散水用水道パイプがついて来る。

午後7時、北緯39度00分、東経83度45分、ニヤ村とチェルチェン町の分岐点に到着。

――これより先、ニヤ村へ向けて、約二二〇キロ走行するのである。

〝一難去って、又一難〟が……

1月20日(火)、午前9時。ホータン市へ向けて出発。伝染病口蹄疫発生で予定が変り、ラクダの調達をホータン市で行うことになったからだ。

西域南道を走行して行くと、またしても果てのない砂漠荒野が続いて行く。同じ空、同じ陽光、同じ景色の中をぐるぐる回っているようだった。

午前10時45分、ケリヤ町に到着。町の中の食堂で、昼食のチャーハン、シシカバーブ。バスの中で地図を見ながら、探検家へディンと同じ横断ルートを辿って行くことに決定した。

午後4時、ホータン市の宏瑞濱館ホテル着。夕食後、成田さんの部屋に行くと、ラクダ引きの親方、通訳の王さんが元気がなく肩を落としている。

「一難去って、又一難…です」と成田さん。

ラクダ引きの九人兄弟のお母さんが重病にかかり、家族の意見がバラバラで、ラクダを出せるかどうかわからないのだと言う。ウイグル族は神への信仰と、家族の絆が強く、病身の母親をいたわる思いは我々の常識を超えている。

依頼した他のラクダは既に到着しているが、ここでまた数日間の待機となると、余計な出費が嵩み頭が痛い。

しかしここで、「ラクダを確保できない……」となれば、今回の計画に大きな穴が開いてしまう。

通訳の王さんによると、「ラクダ引きの母親の病は慢性疾患の一つで、好悪を繰り返し、現在は小康状態を得ている」と言う。ただ、九人の男兄弟が全員、何カ月も家を空けてしまうことは大問題になっているらしい。

初対面の人間との仕事で、兄弟全員が遠方へ何カ月も出かけてしまう、となれば、母親や妻たちの反対があっても無理はない。しかも行く先は、かれらでさえ足を踏み入れないタクラマカン砂漠の秘境奥地である。

私は「伝染病やら何やら急な事態が発生し、みなさんにご挨拶も遅れ大変申し訳なかった」と深く頭を下げ、成田さんは「万全を期してい

店の外でシシカバーブを焼く主人

るので何の不安もない。家族とは必ず連絡がとれるようにするし、緊急の場合は全力で帰郷できる態勢をとる」と約束した。

私たちが身振り手振りを交えて、真剣に話していると、しだいにラクダ引きの親方もうつむき加減の顔を上げはじめ、通訳の王さんの冗談に笑顔も出て来た。

その結果、明日はとにかく〝顔合わせ〟ということで、ラクダ引きたちの里を訪ね、病気見舞いを兼ねてご家族全員にご挨拶させていただこうということになった。

1月21日（水）、晴れ。

その日は私と成田さん、王さんの他に、中国文化に詳しいNHKのシルクロード番組担当の井出郁太郎さんも加わって、四人でラクダ引きの里を訪ねて行くことになった。

午前中に待ち合わせ、小さなバスをチャーターしてケリヤ町から程近いラクダ引きたちの故郷へ向う。途中、井出さんの提案で「手みやげに生きた羊を持って行こう」ということになり、市場に立ち寄った。

ニヤ村の人々

子羊一頭を求め（五〇〇元　日本円でおよそ六七五〇円）引き連れて、他にはお茶と砂糖を持参することにした。

「ラクダ引きたちにとって、家畜が何よりも大切な〝宝物〟で財産なのです」と井出さん。

ラクダ引きの里は、緑の斜面に囲まれた静かな場所だった。長兄の家の前庭には、家族全員が集まって、我々を待っていた。一人ひとり握手を交わし、挨拶をした後、集落のラクダ牧場に案内され、元気よく放たれたラクダたちを見て回る。

なだらかな草の斜面をラクダの子どもたちはうれしそうに走り回り、立ち止まってのんびり草を食んだりしている。どのラクダも実に健康そうで満足そうであった。ラクダ引きが呼ぶと、七、八頭の子どものラクダたちが駆け寄ってくる。

「………」「………」。

重い荷を負わされ、棍棒で叩かれる姿をさんざん見てきた私たちは、おっとりしたラクダたちの澄んだ眼に出会って声も出ない。

ラクダ引きの兄弟の集落は、九人同じところに肩寄せ合っていた。そのため、五つ程のラクダ牧場を全て見て回り、そのあとで、ラクダ引きの長兄の家に案内され、集まったご家族と面会することができた。住居の造りも周囲の佇まいも集落の長の家らしい落ち着きと威厳があり、時の経過を感じさせる佇まいであった。

女たちは皆、鼻、口等をチーフで覆い、目だけを出す、ウイグル風の民族衣装である。物静かな娘さんたちに支えられ、まだ少しだけ熱があるというお母さんが顔を見せてくれた。七〇歳を越えているであろうか。一言も言葉はなかったが、丁重に挨拶をして、奥へ下がった。

テーブルの中央には、大きなナンが幾枚も重ねられ、色とりどりのお菓子が皿に盛られていた。ラクダのヨーグルト（ウイグル族手製）が出され、ナンと共にいただくと、爽やかで、美味しい。初めて口にする酸味。「おー…」と井出さんの口から声がもれる。

くつろいで笑顔でいる我々を見て、人の好いかれらは皆すっかり気をよくして、予定通りラクダを出してくれると言う。やはり直接、顔を合わせ、目を見て話せば通じるものなのだ。

お母さんの回復を心からお祈りして辞去すると、家の前には老若男女が集まって手を振って送り出してくれた。小型バスが村を出るとき、青々と揺らぐポプラの木の若葉が目に入ってきた。

「来てみて、よかったですね」と成田さん。

「よかったねー……」と私。

「牧場で自由に走り回っているラクダを見たでしょ。辛い目に合わせたラクダを見てきたから、胸がキュンとなりましたヨ」と成田さん。

「……そうだなあ。楽しそうだったなあ」

「ラクダ引きたちの故郷がどんなところか、間近で見られて、私もよかったです。〝急がば回れ〟で、これで良い出発になりましたね」とＮＨＫの井出さん。

時間があれば、ラクダ引きの牧場に隊員の皆を連れて行ってみたいな、と思う。小武さんや小丸さんや須藤さんに成田さん、無心に草を食むラクダや無邪気に走り回るラクダの子どもたちを見せてあげたい。そして、おごそかなラクダ引きのお母さんにも、会ってもらいたい……。

ホテルに戻ると、皆に経過報告。出発の日は明後日、１月23日となった。

軽い食事の後で、スコップ、ツルハシ、麻袋、ゴム長靴、防砂メガネ（ゴーグルのようなもの）等の必要な品々を買い求め用意する。鶴坂副隊長より、ラクダの餌、ラクダの水、人間の食料、水、NHK装備品及びカメラ機材等（全部で三百キロほど）、全員一般装備品等の取りまとめ及び積荷重量の報告を受ける。

「積荷は多少オーバーしますが、毎日水と食料の重量が減っていきますから、出発当初はきついけど、その後は何とか耐えられるでしょう」と鶴坂さん。

翌日の夕食は、ラクダ引きの兄弟九人にも出席してもらい、ささやかな宴となった。中国隊も含め、これでキャラバン全員が顔を揃えたことになる。我がキャラバンの面々は皆、〝山男、山女〟のような自然児で、九人の兄弟たちは我々の顔を見てほっとしたようだ。にぎやかで、嬉しい、楽しい、かけがえのない時が流れていく。

「いい雰囲気になってきましたね。我がキャラバンは似た者同士だ」と成田さんが髭面を撫でながら言った。なるほど、総隊長と隣席の親方を比べても、どちらが遊牧民かわからない。

ラクダの背にカメラ機材を積む

ラクダ引きの兄弟たちは夏が来ると厳しい暑さを避けて、陽に焼かれていない牧草地を求め、たくさんの家畜を引き連れて北上して行く。遊牧民のかれらでさえ、足を踏み入れない砂漠奥地が、知られざる「北緯三十九度線」なのである。

秘境砂漠へ、シュッパーツ進行!!

1月23日(金)、晴れ。午前7時起床、11時マイクロバスで出発。

我がキャラバンの陣容は日本隊総隊長：成田正次、隊長：坂東招造、他九名の隊員。NHK取材班三名、中国隊女性ドクター一名、中国人通訳二名、ウイグル語通訳一名、中国隊三名、ラクダ引一一名、総勢三二名、そして、我がキャラバンの旅の命運を担う四七頭のラクダたち。

ラクダたちの牧場まではトラックが迎えに行き、合流してホータン市を出た。

途中農村地帯を走行して行くと、丘の斜面一面、緑の棚がめぐらされている。日本の果樹園を思わせるなつかしい農村風景だ。おそらく、名だたるブドウの産地であろう。

村の中へ車が入って行くと、珍しくショーウィンドーにマネキン人形を飾る洋品店があった。店内も明るい飾り付けで、村の生活の豊かさを感じさせられた。

外見は何の変哲もない村の食堂に入ると、内部は天井が高く、壁も漢族とは違うイスラム風の建築だ。どういうわけか、ラーメン食とチャーハン食とは座席が全く違っていた。その意味がよくわからない。麺類とご飯類か？

昼食後ホータン市より九〇キロ程走行、墨玉具《マサターグ》との別れ道があり、石油道路にゲートがあった。さらに行くと、赤茶色の高い山脈地帯が突如出現する。トルファンの火焔山のごとく、草木一本もない岩山である。

——ホテル出発後、約二〇〇キロを走行。高度一、四〇〇メートルの高い台地が延々と続いて行く。

我々の行く手に、ラクダを乗せたトラックが停止していた。ラクダを下ろそうとして、運転手とラクダ引きがもめているらしい。私はすぐに下車して、「ここで下しても中途半端だヨ。もう少し我慢して行けるところまで行くことにしよう」と指示を出した。

ホータンより二四〇キロ地点、やがて前方に石油センターが見えて来た。

石油センターは北緯38度39分、東経80度29分。今夜はそこで野営をする予定だ。

しかし出発時に買い求めた新品ガスコンロが四基とも不調で、通訳が我々の乗って来たマイクロバスでホータン市までガスコンロとガスボンベを買いに引き返して行った。通訳にポリ缶五個を持って来てもらうよう頼んだ。水は石油センターで補給をしてもらう予定だ。

すでにトラックで到着しているラクダたち

1月24日（土）、晴れ。気温氷点下12度。

昨日ガスボンベを買出しに行った車は、今日の午後遅くなってようやく戻って来た。

ラクダの積荷は今日が初日のため、要領を得ず、四時間程かかる。夕方ようやく完了。

全員で半円の隊列をつくり、私はその先頭に立って、一言挨拶。

「今回は出発の準備が遅れ紆余曲折いろいろありましたが、これより北緯39度00分を目指して進行します。皆さん元気に、歩いて歩いて、歩き通しましょう」と言ったあと、右手を高く挙げ「シュッパーツ進行！」と大声で号令をかけた。

進み始めてしばらく平坦な道が続いたが、だんだん急斜面に変わっていき、やがて巨大な砂山が顔を見せて、我々を見下すごとくに立ち塞がってきた。

急勾配になるほど、ラクダは横ななめに進路をとり上がって行く。ラクダ引きの親方はラクダの歩きやすいように、先になって手で砂を削り落してやっている。

大きく手を挙げ、シュッパーツ！

午後8時40分、日が落ちたころ、ようやく野営ポイントに到着した。しかし、辺りはすでに真っ暗闇で、荷物がどこにあるか、わからない。一時間程、積荷整理をした後、テントを張る。夕食はうどん。本日の到着地点、北緯38度40分、東経80度28分。本日の進行は北緯01分、つまり一・四四キロしか進行できなかった。


1月26日（月）、晴れ。気温氷点下18度。

昨日は朝食後に鬼頭隊員が風邪をこじらせ体調不良のため帰国を申し出てきた。残念だが致し方ない。病院へ行く事となり、成田さんと通訳の王さんが石油センターまで送り届ける事になった。本隊は二人の帰りを待ち、午後4時40分に出発となった。出発点、北緯38度40分、東経80度28分。到着点、北緯38度42分、東経80度30分。本日北東へ02分＝三・七キロ進行する。

早めの出発を予定したが、荷物の積み込みに時間を要した。本隊は北緯39度00分、東経79度30分をめざし進行しているが、逃げたラクダを追ってラクダ引きが北東方向に探しに行ったので、とりあえずは北東へ進路をとらざるを得ない。

――見渡す限り、陽を浴びた砂山が静止した真冬の海のように広がり続いている。遠近の砂山の斜面には茶と灰と黒の色彩の独特な縞模様がめぐらされている。鳥獣虫魚、草木一本とてない、押し黙った影の世界である。ここで隊列から離れ迷い出したら……、と考えるとゾッとする。

午後7時頃、ようやく進行停止、テントを張ることになった。

夜遅くなって、ラクダを探しに行ったラクダ引きが戻って来たが、結局、見つからなかったと言う。迷子のラクダはどこまで逃げて行ったのだろうか。見つからないとしたら、この辺り一帯は水、草が何一つとしてなく、餓死するよりほかないのであるが……。

砂漠荒野のラクダ草

疲れを知らぬ人たち

1月27日（火）、晴れ。風なし。出発点　北緯38度42分、東経80度30分。到着点　北緯38度50分、東経80度30分。北西へ一四・八キロ進行。

午前8時起床。朝食はたいていナン、ソーセージ、うどん、おかゆ、水炊きなどの組み合わせ。積荷は馴れてきたせいか、今朝は特に早かった。他のことでもそうだが、キャラバン全員の〝息〟が合ってきていることを感ずる。

今朝は健康管理係の白藤さんより「体力温存のためラクダに乗ってください」と指示があり、午前中はラクダに乗って行く。

しかし、出発後まもなくして、またしても高層ビル群のような砂山が行く手を塞いで来た。

ラクダの背から見渡すと、砂漠のぐるりはノコギリの歯のように尖った砂山が聳え立ち、霊気をただよわせている。

「空に飛ぶ鳥もなく。地を走る獣もなく。只死者の白骨をもってその道しるべとなす」

と言うとおりの奇々怪々の白昼の死の世界。我々を監視する群像のごとき砂山連山を越えて、夕方近く、今日の目的地まで辿り着いた。やっとこさテントを張ると、疲れ果てた隊員たちはそこにどっと倒れ込む。その中にいて、ＮＨＫのカメラマンだけは重い三脚と機材やカメラを抱えて、縦横無尽に砂山を駆けめぐり、この砂漠の中で自由自在に、カメラを操作している。大変な労力と根性だ！

怒濤の活躍を目の当たりにして、普段は厳しい成田さんが「ヨッシャ！　ナカナカヤルネ！！」と感心して、声をかけている。

1月28日（水）、晴れ。気温氷点下16度。出発点北緯38度50分、東経80度30分。到着点　北緯38度54分、東経80度35分、本日進行一四・六キロ　全行程四〇キロ。

昼12時出発。相変わらずの〝高層ビル群〟砂山の連続。歩けども歩けども、〝砂・砂・砂〟。

そうしたなか、成田隊員がＧＰＳを手に、先頭に立って颯爽と〝砂先案内役〟を果たしている。彼女は毎日スコップで、ラクダの歩く「ラクダ路」の砂を固め均している。国内各地の一〇〇キロマラソン競技に出場している女性ランナーなのだ。

「ラクダもビックリの活躍だねえ。鞍馬天狗じゃない

まだまだ余裕の笑顔のNHK取材班

の」と私が言うと、

「成田さんは走っていると快適らしいです」と小丸さん。

「皆、座り込みそうなのに、走ると快適なんて、オソロシイ。不公平だ……」

私は立ち止まって、となりで息せき切っている中国隊通訳の王さんに話しかけた。

「彼女と我々の間には、大学生と幼稚園児くらい差があるね」

……私はただあくせくとして、己の足元を見て地道に歩を進める以外に術はないようだった。

皆、無口で、ハアハア足元をにらんで進んでいる。立ち止まれば止まったで、凍り付くような寒気が身を刺してきた。

ラクダ引きが「早く水を与えないと水が凍ってしまい、あとから来るラクダに水を飲ますことができなくなる」と訴えてきた。

今日はラクダに水を飲ませる日なのだ。早めの到着予定となっているが、先頭を行く女性たち〝アマゾネス軍団〟はとっくに視界から消え去っている。何人かで彼女たちを呼び戻すべく、必死で追いかけてみたが、追いつかない。あきらめかけたころ、ようやく我々の呼び声を聞いて立ち止まったアマゾネス軍団を発見。女性たちは、「何事？」とけろりとしている。

ランナーの成田隊員は別格として、六〇歳代の女性たちの底力には恐れ入った。彼女たちは山歩きを好む人たちだが、行動を共にしている若い女性ドクターまで頑張り屋さんなのだ。

男性軍団はただフラフラとアタフタとするばかりで、

「もはや、女性の時代ですなあ…」とだれかがつぶやいた。実感がこもっている。

「有史以来、世界の人間の歴史はそうなっていきます！」と私。

キャンプ地へ戻り、ピシャピシャと無心に水を飲むラクダたちを見ていると、こちらまで癒されてきた。ラクダ引きも胸を撫でおろしただろう。ここのところ、暗くなってからのテント張りが続いたので、明るいうちにテントを張ることができたことも気分がいい。

夕食後は成田、鶴坂、白藤、坂東、王の五人で、「第二区間」の進行をめぐり協議した。第二区間の二二三キロは、計画通りには進まないのではないかと不安が走る。水、食料、ガス、ラクダの餌等すべての計画を練り直した。今日までの過程を振り返り、日数も一〇日間程余計に必要で、ラクダも水、餌が余分に必要となるため、「第一区間」が終了となるホータン河床辺りで、じっくりと計画を立て直すことが必要だ。そして全員、明日こそは、北緯三十九度線上を踏む予定だ。

「緑があるって、いいなあ…」

1月29日（木）、晴れ。気温氷点下15度。出発点　北緯38度54分、東経80度35分。到着点　北緯38度59分、東経80度35分。今日の進行九・二五キロ。

午前11時30分出発。通訳の王さんが何度注意しても、ラクダ引きの親方が指示通りに進もうとしない。私もイライラして、北方向の進路を指すのだが、北東方向へ勝手に進路をとるのだ。「北方向は水のないところだから」と言って、先発隊の後を追う様子もない。このままでは北緯三十九度線上に到底辿り着かないため、私は理由を説明し強く、きつく注意した。

行く手の斜面は一つ越えて行くごとに高さを増している。皆、思うように足が上がらなくなって、前へ進む気も起こらない。

今日は二時間程早めにテントを張り、水、食料、餌等の残量を調べ、明日の到着地点を打ち合わせた。準備に不足がなければ、明日は予定通り進行し、その数日後にはホータン河床に辿り着く予定である。

現在地は北緯三十九度線まであと一分（一・八五二キロ）で、明日は余裕で辿り着き、そこからは東方向へ進む予定である。

鶴坂副隊長の報告では水の残量はラクダ五日分、人間の水の残量は三日分あると言う。私はこれだけの残量があれば全隊員が（ラクダも含め）ホータン河床まで辿り着くことができると判断した。

しかし、鶴坂副隊長は「人間の水は不足しているため、北緯三十九度線よりも東に向けてホータン河床まで進行するほかありません」と言う。

夕食後、成田さんも私のテントに来て、「ホータン河床まで、ラクダの水はあるが、人間の水が不足しています。明日からは北上をあきらめ、東に進路変更してホータン河床をめざすほかありません」と言う。

しかし、なしくずし的に妥協すれば当初計画した北緯三十九度線横断踏破の夢は遠のき、雲散霧消してしまうであろう。

「現在地から北上したとしても、緯度からして一・八五二キロの差しかないので、北上して北緯三十九度線上に到達し、その後に東へ進みホータン河を通過する方がいいのでは……」と私。

「……じゃ、ぎりぎりまで、粘ってみますか。皆、余力があるうちは」と成田さん。

1月30日（金）、晴れ。気温氷点下25度。出発点　北緯38度59分、東経80度35分、到着点　北緯39度00分、東経80度40分。

午前11時30分出発。周囲は相変らず〝灰色づくし〟の死の世界である。辺り一面が寒気で凍り付き、荒涼としている。昼12時30分ようやく北緯39度00分、地点に到着した。

私はラクダより下りて砂漠にタマリスクの枝を突き立てた。そして、全員に「北緯三十九度線上に到達しました！」と告げると、皆、両手を高くあげ「万歳！」の歓声が沸き起こった。

「ここから先の砂漠踏破は、我が隊が一番乗りとなります」と私。

「いまからが本当のスタートラインだ。ギネスものですゾ」と成田さん。

真東へ90度方向に向けて、我が隊は新たな出発を期すこととなった。

しばらくすると、前方、砂丘の斜面の真ん中で植物を発見、皆、小さな歓声をあげる。チッポケなラクダ草が足元にあったのだ。砂漠で生物を、とりわけ気温氷点下25度の環境で植物を見ることは驚き以外なかった。

「これ、生きているのか、枯れているのか」

「ギリギリだよね、半死半生」

「ラクダ草はとげがあるから、さわっちゃダメ」

「ラクダはとげも平気で食べるらしいけど」

「だから、ラクダ草って言うのか。なるほどね」

念願の北緯三十九度線上に立つ

「日本じゃ、足もとの草を見て驚いている人はいないけど」

「新緑の頃だって、青葉若葉を見て、こんなに感動しないもの」

「……緑があるって、安らぎますよね」

「日本のスーパーには一年中、野菜や果物があふれてるけど。ゼイタクね、砂漠で古くなったスイカなんて手に入ったら極上品だもの」

「日本農業の素晴らしさをシミジミ実感しますね」

——我々の現在地は、一〇八年前の夏、スウェーデンの探検家スヴェン・ヘディンが決定的な水の欠乏により、二名の部下と引連れて来た馬とラクダを死なせ、キャラバンを全滅させた場所と同じ地点である。

この地へ来て、その夏のヘディンたちの悲惨と地獄がどれほどのものか、身に沁みて実感する。

夏の過酷と恐怖に比べると、冬の砂漠は、水の消費が夏の三分の一か四分の一程度の消費ですむ。我が隊も水の確保を毎日厳重チェックし、管理しているが、現在のところは食料、水の不足の恐れはない。そして、我が隊は全員〝疲労困憊〟であっても、冗談を言い交わすだけの余裕と笑顔がある。


1月31日(土)、晴れ。気温氷点下13度。出発点 北緯39度00分、東経80度40分。到着点 北緯38度59分、東経80度48分。本日の進行一一・五キロ。

午前11時50分出発。辺りの砂丘はそれほど高くはない。

砂丘の西に面した勾配は急で、風はつねに東または北東方向より吹いている。この辺りの砂丘を見れば東西の方位がわかる。おそらく、このなだらかな砂丘を越えた向こう側に、まだだれも目にしたことのない未知の世界が待っているのだろう。

——我々がいる現在地は、地上のあらゆる砂漠の中で、もっとも荒涼とした砂漠かもしれない。

進行中、一〇日ぶりに枯れたタマリスク（赤柳の一種）の一枝を見た。この植物は地下に深く浸透してくる水のある証しなのである。ラクダ引きたちもこの枯れ枝を見つけて、明るい顔で何やら話し込んでいる。

この細々としたタマリスクの木は、高さはせいぜい二～三メートル、幹は五センチ程、赤褐色をおびた小枝で、根は砂丘深く、我々の計り知れない深さまで降りてゆく。そうやって、植物に必要な水分を吸いあげて生きているのだ。我々もタマリスクを見ただけで、キャラバン全体が活気づいてきた。

さらに進行すると、ポプラの一種である枯れた胡楊の木々を発見。

久しぶりに枯木があったので今夜は野火にありつける。真冬の砂漠の最大のご馳走は「火」だ。

午後5時30分、進行停止。夕食はうどんの煮込み。久しぶりに皆で野火を囲み雑談にふける贅沢な夜だ。

砂漠の中の枯木を見つけてほっとする

脱走ラクダが河畔で草を食んでいた

2月1日（日）、晴れ。風なし。気温氷点下24度。出発点　北緯38度59分、東経80度48分。到着点　北緯39度00分、東経80度53分、本日の進行七・二キロ。

午前7時30分起床、朝食ナン一枚。

午後5時20分、ホータン河岸に到達。……我々の予想をはるかに越えた大河の広がりであった。川面一面が氷結し、氷の厚さ約二〇～二五センチ。ラクダ引きは斧で氷を割り、氷の表面にはラクダが足を滑らせないように砂を撒いている。ラクダがいっせいに川面を砕いた氷水を飲みはじめた。氷水は飲み過ぎてはいけないのだが、三〇分くらいは飲んでいた。

ホータン河の水深は浅めだが、川幅が広く、周囲の岸辺までを含めると広大な眺めだ。ヘディン一行はここに辿り着くまでにどれほどの苦労があったろう。

——河のほとりを行くと、何十頭もの牛を連れて歩く遊牧民と出会った。かれらはロバ二頭と馬一頭でリヤカーを引いて、布団、衣類、食器等の生活用品一式を積み込んでいた。

五〇〇キロ先北側のクチヤ市より一一日間かけて、ここまで来たのだと言う。そして、これより約八日かけてホータンまで、六一頭の牛を連れて売りに行くと言う。

「一頭七〇〇〇元で売りたい……」のだそうだ。

ホータン河床は、クチャ市のある北の方角の住民よりも、ホータン市のある南の方角の住民の重要な交通路なのである。この牛引きの遊牧民も我々と同じく毎夜テント生活であろう。

ラクダ引きの親方は、牛を引きつれた遊牧民たちに「途中で、逃げたラクダが見つかったら、知らせてほしい」と頼んでいた。

2月3日（火）、晴れ。気温氷点下13度。

今朝はホータン河の凍裂音で目が覚めた。……大小さまざまの「バキバキッ！」とした響きで、恐竜の鳴く声かと思ったほどである。

午後2時頃まで何もすることなく衣服の針仕事をして時間をつぶす。

ホータン河床は冬の間は水量が極端に少なくなる。そのため、自動車の往来が可能となるのだが、今年はホータン河が増水（ホータン河上流でダムの放水があった）して、補給物資を積んだトラックが河を渡れないと言う。

本隊は止むを得ずトラックのいるマザタークまでホータン河沿いに五〇キロ程戻ることとなった。

翌日は午後1時10分出発。風なし。気温氷点下20度。

平坦地のためラクダの負担も少なく、一日中ラクダに乗った。足取りはとても早かった。周囲の景色は動くもの一つなく、河岸のため平坦で延々と同じ調子で続く。やがて、背丈の短いやせた草がまばらに生えている広々とした荒野に入ってきた。

途中、一日前に逃げたラクダが河畔ブッシュの中で草を食んでいた。ラクダ引きは大よろこびで、引連れて進行した。午後7時頃野営。水と枯れ木は無尽蔵にある。

マザターグの丘から望む遠い昔

2月6日（金）、晴れ。風なし。気温氷点下23度。出発点　北緯38度36分、東経80度55分。到着点　北緯38度26分、東経80度51分、本日の進行一九・八キロ。

午後1時30分出発。ホータン河畔のブッシュの中をラクダに乗って進む。水も食糧も減り、ラクダの積荷はだいぶ軽くなった。全員、ラクダで進行する。

河床の大平原の中を行くと、灰のような細かい砂塵がやたらと舞い上がる。

前方はるか遠くに二頭のガゼル（鹿の一種）のような動物が右から左へと全速力で横切っていくのが見えた。そのあとで、ラクダが何かの拍子に驚いて飛びはね、加藤隊員とＮＨＫの井出さんがラクダから落ちた。加藤さんは右手、井出さんは腰と首を強く打ち、かなり痛がっていた。

――やがて、前方南西方向に、今日の到着目標であるマザターグが見えてきた。

進めども、進めども、果てしない大平原。しかし時間がたつにつれ、マザターグの山容がハッキリ浮び上がってきた。いかにも荒々しい山塊だった。風と砂の浸蝕と風化作用で草木一本もなく、赤黒く焦げた岩石がドカンと大地に座り込んだようである。その山の斜面は西の方にどこまでも長く長く続いている。

午後7時頃、マザターグの東先端に辿り着く。

しかしラクダの行く先は河が凍っていて、通過しにくくなっていた。全員でナイロン袋に砂を詰め、河の氷の表面に砂をまき散らし、ラクダの足が滑らないようにしていく。そうした作業が終わり、ラクダが全頭渡り終えたところで、補給物資を積んだトラックと合流した。皆喜び合っていたら、なんとそこには体調不良でホータンの病院へ行って帰国予定であった鬼頭隊員の姿があった。病院で治療して体調が良くなったので物資を積んだトラックと一緒に来ていたのだ。皆、大変感激した。その後、少し先のブッシュの中へ入り今夜のキャンプとなった。この夜、鬼頭隊員は得意のハーモニカを吹き皆をなごませていた。夕食は白米飯と（美味！）ハルサメスープ。スープは温かくてとてもおいしかった。夜8時30分寝袋にもぐりこんだ。ラクダから落ちた井出さんは体力を消耗し、夕食にも野火の囲みにも顔を見せなかった。

2月7日（土）、晴れ。風なし。気温氷点下19度。

午前9時40分起床、朝食はウイグル人の差し入れでヤギの骨付き肉の塩味水たきとご馳走だ。食後に今後の予定について打ち合わせ。

これまでに口蹄疫騒ぎや、ホータン河ダムの放水による増水等でトラックの補給物資の搬送ができず日数がかかり、大幅に遅れをとってしまった。それによる費用も当初予算より出費が見込まれる。隊員各人の率直な意見を聞いたところ、鶴坂さん（副隊長）は膝が痛いのでダリヤブイか塔中より帰国したいと言う。

加藤さんは日数が遅くなったので帰国。小武さんは塔中より、白藤さんも手が痛いとのことで、計四名が帰国したいと申し出があった。それにより「海外傷害保険、パスポートの返還等、計画がある予定です」と

成田さんが報告した。

今日は物資の買出し（補給品）でホータン市まで行き、帰って来るまで、また四日程かかり、この地で休みが入る。その数日間が実にもったいない。井出さんと白藤さんはホータン市の病院に行くことになった。ＮＨＫ佐々木さんも付きそいで一緒に行った。

ノロシ台。唐の時代のものであろうか？

2月8日（日）、晴れ。風なし。気温氷点下15度。

今日は成田さんと成田隊員がホータン市まで車で出かける。ＮＨＫカメラマンの田中さんは、前日病院に行った井手さんの容態を心配し、一緒に出かける。帰りにホータン市内でカメラのレンズに付いた砂を除くための「カメラ用ブロアー」を購入。

今日午前中は水のポリタンクの点検、仕分け、洗浄等をする。ホータン河流域の監視人が来て生木等は折って焚き木にしないように注意を受ける。

午後よりマザターグの丘に上り、視察をした。

古い時代の遺跡、古代の城壁、砦（唐の時代）、ノロシ台等、古代そのままの姿が何の囲いもなく残っていた。下の周囲を見ればかなり広い面積に生け垣があり、一般兵士の駐屯地でもあったのだろうか。この城壁より北のアクスー側の動きを見て、何か異状があれば峰火をあげホータン側に知らせて護りを固めたのであろう。

ホータン河の凍裂音

春の陽はかがやきを増して

2月13日（金）、晴れ。気温氷点下10度。出発点　北緯38度26分、東経80度52分。到着点　北緯38度25分、東経80度58分。

五日程前より気温もだいぶ上昇してきた。朝起きが楽になってきた。来月になったら気温はさらに上昇して、砂嵐が荒れ狂うだろう。

6日前からホータンの病院に入院していた井出さんは体調の快復を待ってひとまず帰国すると言う。午後6時頃、成田さん、NHKの田中さんと佐々木さん、ラクダ引き一名、通訳の陳さんらが、ホータン河対岸より氷の上を渡って来た。ホータン河を渡りはじめると氷が割れて、ヒザ下まで水につかりはじめた。カメラ、三脚、その他を各自が持っているので大変だ。まわりの人は早く急げと大声で叫ぶがなかなか思うようには進まない。

次の氷に渡ろうとしても、その氷も薄くなっているため簡単には乗り移れないのだ。それでも沈みつつある氷面を無理に踏み渡り、各人手渡しで一つずつ機材や荷物を運んで行く。ラクダ引きの青年がズボンを脱いで、凍り付いた河に入り込み荷物を渡してくれた。佐々木さんはあとで「河岸の氷に乗った瞬間、割れそうで、やばいと思いました」と言っていた。

２月15日（日）、晴れ。風なし。気温氷点下12度。

午前８時起床。あたりは残月と星が輝いて、まだ暗い。ときどき、ラクダの長い寝息がテントまで聞こえる。出発は11時。通訳の陳さんが「今日か明日、ラクダの水を探さなければなりません」と言ってきた。

午後１時30分少休止。四～五名程の隊員が先行。途中、砂山と砂山の間に、昔の河床があった。泥が乾きひび割れして、ヨシの草がまばらに生い茂り、いかにも水脈がありそうである。

ラクダ引きの親方が棒の先で砂を少し掘り、そのあとは全員で（スコップ一二本）砂を掘り出した。約一・八メートルほど掘ったところで砂が湿りはじめる。水のある証拠だ。全員が活気づく。

掘り出した水が少したまると、ラクダ引きの親方がなめてみる。「少し苦味がある、人間は飲めないがラクダは飲める」と言うので、隊員総力戦で入れ替わり砂を掘って行く。すると掘り上げた土手の砂が崩れ、溜った水に砂がかぶり、また砂を掘り続ける。何度も繰り返し、ようやく水が溜まり出し、午後４時に昼食。バケツに水を汲み測定すると、塩分濃度は一・五％、水温７度。

昼食後、ラクダに水を与えはじめる。数人のラクダ引きがバケツに次から次へと水を汲み入れる。この分なら四七頭全部のラクダに飲ませることが可能であろう。

水を飲みひと息ついたころ、オスのラクダはおしっこをしっぽで左右にふり、まき散らす。その尿のにおいが臭いこと、臭いこと。女性隊員たちは「帰るまでにラクダの子を身ごもりそうだわ」と言って大笑いした。

今日は早めの停止、キャンプだ。午後7時、まだ高い早春の陽はかがやきを増して、寒さは感じなくなった。今夜は御馳走で白米だ。白菜の激辛ナンバン炒め煮をめしにぶっかけて食す。この砂漠のド真ん中では極上のご馳走である。

2月16日（月）、晴れ。風なし。気温氷点下10度。出発点　北緯38度23分、東経81度17分、到着点　北緯38度21分、東経81度9分。

午前10時45分出発。朝よりラクダにて進行。相変わらずの高層砂山三角連山を登り降りして行くと、途中何百年か古代の河床が各方面で見られる。なぜ古代の河床であるかは（または湖沼）、どの河床も河の泥が推積して幾つかの地層が積み重なり、各河床地面のテラス状の平らなところは全ての高さがほぼ一致しているからだ。この高さは元の水位を現している。

真っ平な表面は白く塩をまぶしたようなこまかい流砂の粘土と、塩を含んだ粘土状の層となっていて、手でにぎると粉々になる。風砂は永年にわたり、元あったであろう湖沼か、河川を砂で埋めつくして砂漠となり、河はどこかに移動してしまったと思われる。

水が出て来た。ラクダは待ち遠しそうに眺めている

ほとんどの砂丘は東から西へ連らなり、風によって砂丘は形造られて行く。砂丘には定住性がないのである。

夕方午後４時頃、遠方に胡楊の大木が少しずつ現われはじめた。そろそろケリヤ河の河床が近いことがわかる。タマリスクの枝が古い根と共に枯れてもろくなり､手でふれればすぐ折れてしまう。焚火にはもってこいだ。途中、胡楊の古い大木が河床に枯れて、そのまま生い茂っていた。

「胡楊の木って雰囲気ありますね。喜怒哀楽のような感情が……」と成田隊員。

「……伝わってくるものがあるよね」と私。

「〃神木〃をいただくのは、何だか申し訳ないわね」と小武さん。

「そうだけど。焚火なしでは我々もかわいそうだし」と私。

午後７時30分進行停止。今夜のキャンプは胡楊の木に感謝して、焚火を囲む。

雪解けの河に仮設橋を渡す

２月18日（水）、風なし。くもり。気温氷点下10度。出発点　北緯38度30分、東経81度42分。到着点　北緯38度21分、東経81度52分。本日の進行一三キロ。

午前10時50分出発。ダリヤブイ村が近くなると、幾つもの枯れた死木を見かけた。木の根が地面よりも高く、四方に張りめぐらされた〃老木の墓地〃である。往古、水は滔々と流れ、木々は鬱蒼と茂っていたのであろう。

砂丘は徐々に低地となって、森や雑木林の中を通り抜けると、やがて浅い湿地帯へと変わった。

少しずつ、土色をした流れの水量が音をたてて増していく。

――ここが、ケリヤ河か……。

河幅は約五〇メートル程あり、水深は深いところで約一・二メートル程。

私はズボンを脱いで、茶色い濁流の中に入って行った。押し流されてくる夥《おびただ》しい氷の塊の角で、両足は血だらけになった。腰まで水が上がり、股引を脱いで氷まじりの濁流を進んで行く。

女性隊員は男性に負ぶさり、先頭組のラクダ一〇頭と二〇人は何とか向こう岸へ辿り着いたものの、みるみるうちに水嵩が増して、後続のラクダと人は河を渡ることができなかった。

ケリヤ河の上流はコンロン山脈の氷河より流れ出し、雪どけが始まると午前中の水量は少ないが、午後からは洪水のような勢いとなって大河に変貌していくのである。

「……ここは、無理はできませんね」と白藤隊員が言う。

ラクダ引きの兄弟が上流を偵察し、安全を確めた上でラクダを渡そうとしたところ、川面の厚い氷が割れて積荷もろとも転覆してしまった。ラクダ引きたちは血相を変えて手綱を取り、水中でもがいているラクダを追い立てた。しかし、ラクダは氷の冷たさで動きがとれず、目玉だけキョロキョロ動かしている。

親方はあきらめず、ラクダを追い立て、ようやく水面より飛び出させたので、私たちも一緒になって必死に手綱を引き、ラクダも人も対岸まで引き上げることができた。皆、衰弱と寒さによる硬直で、岸辺に倒れ込んだあとはその場で動けなくなった。

焚火の用意をしていると、河岸の騒ぎを聞きつけ、ダリヤブイ村の住民が集まって来て、「ああしろ、こうしろ…」と、親切心からいろいろなことを言ってくる。

そこへエンジンを響かせバイクがやって来た。ラクダ引きが「胴長靴」を頼んだのだ。

親方が胸まである胴長靴を履いて、氷の塊がぶつかり合う流れの中へ入って行く。しかし、水深が増した流れは圧力が強く、到底立ち続けることはできない。

私は氷だらけの大河を睨み、夜明けに聞いた恐竜が牙をむく叫びは本物だった、と思った。

そのうちだれかが「木材を集めてきて、仮設橋を渡そう」と言い出した。その上にラクダを歩かせて行くという。

しかし、皆でかき集めた木材はどれも長さが足りず、あちこち曲っている。困っていると、下流の方でものすごく太い大木が見つかったと言う。早速現場に駆けつけ、皆で必死に動かしたものの、ビクともしない。ワイワイ言っている村の人たちにも協力を頼み、岸辺に引っ張り出すと、ラクダ引きの親方が斧で切り倒した。親方の、この斧使いは見事なものであった。

そして、大きな大木三本を同じように切り倒し、村人の助けも借りて全員でラクダの待つ岸辺まで運搬した。三本の大木の上に横に太い枝を幾本も通し、氷の上に引上げてからラクダの餌の入っていた布袋に土を入れたものを横木の上に敷き詰める。そうやって土をかけ、踏み固めると、ツギハギだらけの簡易仮設橋がそれらしく完成したのだった。

「△△△！　△△‼」

ラクダ引きの親方が私に何か叫んだ。子供のような喜びようだ。

私と白藤さんと成田さんは、親方にうなずき、周囲の誰彼にも、何度もうなずく。皆、足も手も血だらけで、寒さでガタガタ震えている。しかし大きなけが人もなく、事故にも至らず、最小限の被害にくい止めることができた。

騒ぎの一部始終を収録していたＮＨＫの田中カメラマンが感極まって「……これが本当の探検ですね」

とつぶやいた。

全員無事にケリヤ河の〝仮設橋〟を渡り終えると、平和なオアシスであるダリヤブイ村はもうそこから遠くはなかった。

ダリヤブイ村はこの辺り一帯の中心地で畜産が主な産業である。戸数約三〇戸の集落、電気はソーラーパネル使用、バッテリーを充電し各戸に送電している。村の目ぬき通りに立つ電柱は実に立派な柱だ。

夕方、村の広場の一角に我々のテントを張ると、子供たちが駆け寄ってきた。

鬼頭隊員はお得意のハーモニカで外国民謡を吹き始める。すると、たちまち人気者になって拍手喝采だ。八才位の女の子たちが鬼頭さんの演奏のお返しに、ウイグル族の歌と踊りを披露してくれた。生れながらに教え込まれたという歌と踊りは、村の長い歴史と豊かな伝統を感じさせるものであった。

その夜の食事は、大騒ぎだった。ラクダ引きたちがダリヤブイ村で羊を買ってきて、ヒツジのスープやらシシカバーブ（串焼き肉）やら、ご馳走づくしの大宴会となった。私はワインと焼酎で夕焼けのように真っ赤だ。田中カメラマンが「今夜はラジオ放送があります。寝ないで、待っていてください」と教えてくれ、テントの中でペットボトルの水を飲んでいると、午前0時45分より日本から国際ラジオ放送が入ってきた。

娘のとき子がラジオで「砂漠横断の大冒険をしているお父さんは元気ですか。入院中のお母さんは元気です。1月14、15、16日は北見はものすごい大雪でした。その雪を溶かしてラクダたちに飲ませてあげたいです。お父さんの好きな美空ひばりさんの「川の流れのように」の曲をプレゼントします」と話しかけてきた。

……胸が熱くなった。

砂漠のいのち

「もう大丈夫よ、〝ダリヤブイ〟」

2月19日（木）、晴れ。気温氷点下5度。

朝食は白米ごはん、塩サケ。朝食後テントで休んでいると、ラクダが生まれたまま野原に横たわっているとの知らせが入ってきた。ラクダ引きと一緒に現場へ駆けつける。

ラクダ引きは生まれた赤ちゃんを見るなり、すかさず大切に抱きかかえた。かれらにとってラクダの子は宝物である。居合わせた女性隊員たちは先ほどから、一生懸命介抱していたようだ。

ラクダ引きは小さな紙の小箱に母親ラクダのお乳を搾り、少しずつ飲ませている。小さじで三～四杯の分量だ。

ラクダ引きたちはその場で焚火を起こし、人間のコートをかぶせて暖をとり、かわるがわる介抱している。女性隊員たちはマッサージを一生懸命続けている。ラクダの子はわずかずつ母乳を飲み、そのたびに体が動き出し、元気になっていくようだ。

ラクダの子の体を甲斐甲斐しくさすっていたラクダ引きが、顔を上げて親指でサインを示す。

「△△△△△……！」

「大丈夫ですヨ‼」と言ったらしい。

通訳の王さんは（こんな時、通訳はいりません）といった顔でにこにこしている。

我々も一安心で、皆、笑顔がこぼれだした。

「あかちゃんの名前は、なんて呼ぶのかしら」と女性隊員。

「ここの集落の名にちなんで、〝ダリヤブイ〟と命名します」とラクダ引き。

王さんは、今度は大きくうなづいて、ラクダの子の名前を伝えてくれる。

「ああ、いい名だよ」と私。

「うれしいね、〝ダリヤブイ〟」と小武さん。

「もう大丈夫よ、〝ダリヤブイ〟。いっぱいミルク飲んで」と成田さん。

キャンプ地に戻ってみると、補給用の水、ラクダの餌、人間の食料、医薬品、その他を積み込んだトラックが河の対岸まで来ていた。しかし、河の水が増水して来たため、搬送できず立ち往生している。台風の大水のように、ものすごい勢いで水量が増している。コンロン山脈の氷河の雪が溶け出し、川面の氷が割れ出し、岩のように大きな氷塊まで流れて来ていた。

生後２日目のラクダの赤ちゃん

少し離れた土手の斜面から見ているだけで、足が竦むほどの激流だ。

褐色に濁った水が暴れ、ものすごい勢いで岸に突きあたり、岸辺が決壊し、流される。河の両岸にあった柳の並木が水中に没し、樹の幹や小枝やその周辺の雑多なもの全てがなんでも押し流されて行く。

現地の人の話によれば、この洪水は毎年起きるものでコンロン山脈の雪どけが済むまでの約三〇～四〇日間、毎日続くそうである。

向こう岸まで来ているトラックの物資の搬送をどうしたらよいか？

困惑している我々に、ダリヤブイ村では、毎年コンロン山脈の雪解けによってできる季節河のため、村の人たちは対岸の小屋に大型トラックのチューブでイカダを作る材料をすべて用意してあるのだった。

トラックの運転手も慣れたものですぐに行動に移す。

大きな斧の柄を抜いて金属部分の穴にロープを通してきつく結び、振り回し遠心力を利用して対岸からこちらの岸へ投げてもらいロープを受け取る。ロープを引き寄せチューブで作ったイカダの上の荷物を受け取り、これを相互に何度か繰り返し荷物の受け渡しをする。

この季節河を見たときには全員が対岸の荷物を受け取るのは不可能と思ったが、ダリヤブイ村が季節河にそなえて準備をしていたためこの探検は続行可能となった。

しかし、全物資を引き上げるまでに四～五時間かかり大仕事になってしまった。

「それにしても……困ったことだなあ」と成田さんが顔を曇らせた。

私と成田さんは進行の遅れが気になっていた。

――このままでは、四〇～五〇日の遅れが出るだろう。となると、「第三区間」の難関地帯では、気温が上昇しはじめ、砂嵐のシーズンに突入してしまう。危険が増大するばかりか、水や食糧の消費も増加し、それらの物資確保をどうするか。……あれこれ意見を出し合ったが、苦渋の末、身を切るほどに辛い話だが、中国隊の数名の人に途中棄権してもらうしかなかった。ここにきて、コース変更はできない。

激流の中を必死でイカダに乗り、対岸にいる通訳の王星さんに「途中離脱者」の件について伝えると、

「どうして、そんなことをするのですか」と王さんは顔色を変えた。

「我々も王さんと同じ気持ちだ……」

私は真剣な眼で王さんに説明すると、彼はもう何も言わなかった。

王さんの心は全隊員の心である。しかし、この場は何度も危機を乗り超えてきた成田さんや我々の判断を信頼してもらうしかない。このままの形で旅を続行すれば、人もラクダも生死に及ぶ危険を被ることになるだろう。

体調の悪化、仕事の都合などで途中帰国する事となった日本隊員と、離脱を余儀なくされた中国隊員を含めた六名の隊員たちはキャラバンを去ることになった。ダリヤブイからと塔中からと帰国のため別れた。

送り出す隊員たちは皆、温かい声で何か感謝の気持ちを叫んでいる。

女性隊員たちは泣いているような、笑顔で送っているような顔になってしまっていた。

「こんなこともありますよ。山あり谷あり、砂漠を超えて行くんだもの」

しょんぼりしている私の肩を、成田さんが〝ビシバシ〟とたたいた。

春の陽はぎらぎらと照りつけて

2月21日（土）、晴れ。気温氷点下10度。

昨日いち日何もせず、ダリヤブイ村の市街をぶらぶらして過ごした。

今日は補給物資の仕分け等を終えたあと、午後3時出発。ケリヤダリヤ（ケリヤ河）北東をめざして、ラクダに乗りダリヤブイ村を後にした。

赤黄色に見える黄土の荒野を進んで行くと、無数のせせらぎが流れる湿地帯に出た。胡楊の木やタマリスクが茂っている。葦の沼地を通り、ブッシュの中を抜けて、ポプラの林の中に入ると、帯状の砂地が細々と続き、春の陽に薄氷が光り今まさに割れようとしている。

――午後6時30分ケリヤ河岸辺に到着。

ラクダ引きが胴長靴を履いて水深を調べる。太もものあたりまでの深さだ。ズボンをまくり上げ、ラクダを河岸まで引き手綱を取り、河を渡る。次から次へとラクダはケリヤ河を渡り、やがて全員が河向こうの岸辺に辿り着いた。

2月22日（日）、晴れ。気温氷点下10度。出発点　北緯38度23分、

ケリヤ河床。ラクダを引いて歩く

東経81度55分。

昼、12時50分出発。途中に小さな流れがあり、ラクダに乗り渡河。深さ三〇～四〇センチ。対岸に民家あり。主人の先導で沼地をラクダに乗り渡って行った。沼には水はほとんどなく、ケリヤ河を北東へ進んで行く。

ブッシュの中を歩くと、2月と言うのに春めいて、ダニ、クモが出はじめている。暑くて汗をかき肌着一枚になって歩いた。手や腕でいくらぬぐっても汗が滴り止まない。河床を歩いているので平らだが、砂がやわらかく歩きづらい。風はそよともなく、春の陽はぎらぎらと照りつけてくる。

――少しでもいいから、春風よ、そよそよと吹いてくれ。綿をちぎったような雲のカーテンよ、まばゆい春の陽をかくしてくれ――。

のどが渇いて仕方ないが、水を検約してまだ一口も飲んでいない。

日はまだ高く、ブッシュの中を突き進むと、水溜りに出合い、ここでラクダに水を飲ますため、日は高いが午後5時20分進行停止となった。

2月24日(火)、くもり。気温氷点下7度。出発点　北緯38度34分、東経82度10分。本日の進行一六・七キロメートル。

今日もケリヤ河の河床を歩く。砂漠地帯のブッシュの中を北に向け進行。河床ゆえ地面が軟らかく歩きづらいことこの上なし。今日はくもり空で、風はないが気温が低く、歩くには大助かりだ。水の消費も少なくてすむ。

　午後6時30分進行停止。野営のつもりでいると、ドクターが「テントを張らず寝るとダニに刺されます。テントを張って寝るようにしてください」と言ってきた。通訳の王さんからも同じように注意を受ける。

　春めいて気温が上がってくると、河床付近はどこからともなく大豆粒程のダニが出てくる。気持ちの悪いこと、この上ない。刺されるとひどく赤く腫れあがり、ひどい時にはドクターに治療をしてもらわなければならない。日の昇っている間は、温かい地面にはうかつに腰は下ろせないのである。

井戸掘りのあとは〝天下一品の食事〟

　2月25日、晴れ。気温氷点下12度。出発点　北緯38度43分、東経82度14分。

　快晴。陽射しが明るいため水不足になるかと心配だったが、予想に反し風が冷たく、歩いても汗をかかない。ラクダに乗っている人は寒さで防寒着をつけなければならないほど。

　昨夜は腹部にダニが二匹喰い刺さって、なかなか

砂がやわらかいため、ラクダも脚を取られる

取れなかったので、今朝、ドクターに消毒処置をしてもらった。

今日も河床を歩き続ける。砂山は低いが、砂地がやわらかいため、疲労が大きい。砂山は五～一五メートル程の高さが繰り返し続いて行く。丘の上に立って遠方を見渡すと、例によってノコギリの刃のようなギザギザの砂山が果てしなく広がっている。

ブッシュの中を注意深く突き進んで行く。ここ数日は北緯三十九度線へ進行をとれなかったが、草の繁茂状況、虫類の発生、季節の河床の状態等、新しく知る事が多かった。

ラクダたちも水の不足により弱り切っていた。元気があるときの背のコブは若い女性の乳房のようにはりがあるが、水も飲まず体力も消耗し疲れてくると、タランとしぼんでくる。それがラクダが弱ってきた証拠である。

しばらく進んで行くと、ラクダ引きが手で砂を掘っている。「水が出そうだ」と言ってきた。

昼頃より風が強くなり、目に砂が入り、疲れ切っていた我々はここで「厳しい井戸掘りが始まるのか……」と閉口したが、そんなことは言っていられない。

日本人、中国人、ウイグル人全員が弱った体でスコップを握りしめ、必死の井戸掘り作業を交代で続けて行く。四〇～五〇分程掘り続けていると、ほんの少し砂が湿って来た。砂を握るとおにぎりのように固まり出した。水のある証拠だ。井戸の底にもほんの少し水分がにじみ出て来た。

井戸掘りは大変な苦労であるが、水が砂にしみだしたときの喜びはたとえようがない。交替、交替でまたしても掘りまくる。全員小休止でタバコ、水を飲む。ラクダは掘り上げた湿った砂の山に集まり、ウラメシそうに鼻面をあて、所在なげに立ち去って行く。

小休止のあとで覗いてみると、暗い井戸の底にピシャピシャする程の水が溜り出していた。全員喜びに湧き「おーっ！」と声を上げ、さらに一生懸命掘り続けて行く。井戸が深くなると、砂を上にあげるのも大変な苦労だ。ロープにバケツをつるし、引きあげていく。そうした苦労の末、ラクダに飲ますほどの水が溜り出すと、ラクダたちはかわるがわる、いかにもうれしそうな眼をして満足気にピシャピシャと水を飲んでいる。

こうして約三時間程の井戸掘り作業を終了。水が湧き出たあとの食事の旨さときたら、まさに「天下一品」で、今夜のメニューは極旨のチャーハンとラーメンだ。

二番目のラクダの赤ちゃん

2月26日（木）、晴れ。気温氷点下7度。出発点　北緯38度51分、東経82度19分。

今朝11時頃、二頭目のラクダの赤ちゃん（めす）が生れた。我々が昨夜掘った井戸に行き、ラクダの水を汲んでいると、近くの砂の上で母親ラクダのお尻より一、二本足が出ていたので、すぐにラクダ引きのウイグル人を呼んだ。

母親ラクダは遠くへ行きたがるため、前足が二本、ロープで結ばれていた。ほどいてやると、母親ラクダは立ち上がり、赤ちゃんの足をお尻から出したまま立ち去って行く。

私は女性隊員を呼び寄せようと大きな声を出したところ、「ラクダのそばには行かないでください」とラクダ引きから注意をうけた。ラクダがお産をするときは、人目のない静かなところで子を産むのだと言う。

赤ちゃんが生まれたことを確認すると、すぐに親方がそばによっていき、焚火をたきあたためてやった。赤ちゃんはとても元気だ。駆け付けた女性隊員たちが目をかがやかせている。

今朝は、昨日掘った井戸の水を汲み上げ、ラクダたちに水を飲ませるのに時間がかかったため、出発は午後2時30分、徒歩で進行する。

今日の砂山は六〜七メートルから三〇メートル程の連続だ。小高い丘で四方を見渡せば、恐ろしいほど荒涼とした砂丘に取り囲まれている。見渡す限り、さえ切るもの何一つない月面のごとき大砂漠である。「一度入ったら、二度と出られない」という言葉を改めて実感する。

……私は、この果てしなさ、広さをどのように表現したならばよいか、わからない。海のような広さとも違う。人間の感情を拒んでいるような、恐ろしい暗い冷たさがある。

海のような大波小波の砂山が続く

夕方からラクダに乗る。もはや、先発隊（成田、成田、白藤、王星）が何処へ進んでいるのか、わからなくなってきた。夕暮れは迫って来るし、少し気忙しい思いで、夜8時頃、野営テントを張る。

2月27日（金）、晴れ。気温2度。出発点北緯38度56分、東経82度26分。

今日ははじめて、プラスの気温を測定する。体力温存のため朝からラクダに乗る予定だ。出発から大砂丘が続き、やがてはるか遠方には聳え立つ砂山が現れた。その砂山はどうしても乗り越えなければならない。

——ラクダは積荷を精一杯に積んで、一足ごと、ゆっくりだが慎重に一歩一歩進んで行く。一歩でも踏み間違えたら、積荷もろとも砂の谷底地獄へ滑り落ちて行く。

大きな砂山を乗り越えてやっと一安心、と思いきや、また高い砂丘が聳え立つ。目の前の巨大な砂山はなぜか薄く砂煙でモヤがかかっていて妖気さえ漂う。どうしてこのような大きな砂山が出現したものか。

動く物も物音も一つとしてなく、静寂だけが広がり、いまや、春の陽は惜しみなく強い光を我々の頭上隊は午後7時まで進み、キャンプ、テントを張る。

乗り越えて苦労の末、ふたたび目標点に到達した。時に2004年2月27日、午後1時55分、その後我が

本日の到着目標点は、北緯39度00分、東経82度30分。1月24日に石油センターを出発して、高い砂丘を

にふりそそいでいた。ついこの間まで、寒さで凍え死にそうになって進行を続けていたのに……。

2月28日(土)、くもり。気温3度。出発点　北緯39度00分、東経82度37分。

今日は朝からラクダに乗って行く。見わたす限り、ノコギリの歯型の砂山と見事な風紋の波立ち。ほとんどの場合、北東方向より吹く風のため、北東より砂山が高くなり南西に向け切り立った砂山である。この砂山の方向を見れば方位がわかる。つまり、北東より南西に向け切り込みおち込んでいる。高い砂山を登り終えると、又又続く、高い砂山である。しかし高い砂山の向こうには、必ずや深い谷間が待っていた。

先発隊は成田さん、成田隊員の二名で進路を探って行く。我々はその足あとを頼りに進行を続けるのである。双眼鏡で視野の届く限り眺めても、見えるものと言えばただ静まり返った動くものさえ無い非情な地平線のみであった。

あと四～五日したら、第二区間終点の砂漠公路(アスファルトでできている)のある塔中に到着の予定だ。

今回ダリヤブイ集落からオアシスの塔中までの進行は、小武隊員が水の管理に充分配慮して毎日残量の確認チェックをしてくれた。これから残りの「第二区間」と終点までの「第三区間」の水の必要量を計算し、人間の必要量だけ残して、残量全部をラクダに与える。

塔中へ到着までは体力温存のため、私はできるだけラクダで行く予定だ。塔中から始まる「魔の第三区間」はますます砂山が高くなり、さらに厳しい条件が待ち構えている。

砂の怪物と鬼ごっこ

怪物の背中

3月1日（月）、晴れ。やや風あり。気温氷点下4度。出発点　北緯38度59分、東経83度09分。

午前10時25分出発。ホータン河の西側より、砂山は高さを増して行く。東経82度30分、辺りでは約六〜一〇メートル程のお椀を伏せた砂山だが、東経83度00分、この辺りから高さ三〇〜一〇〇メートル級の高山に変わって行く。傾斜があまりにきついと、ラクダも抵抗をするため、登り斜面を迂回して遠回りをするのだが、その回り道の長い緩やかな起伏も、歩いている我々の身には相当こたえる。

砂丘は北東から南西に向かい、荒々しい姿で切り立っている。その斜面を滑る風と砂が織りなす風紋の美しさは言語に絶する。南西側は朝日が差し込む具合で一直線に、北東側はさざなみのような波紋をさまざまに広げ、陰陽ともいうべき二つの紋様が展開されるのである。

我が隊の先発隊は、東へ東へと進路を探り、前進して行っている。

そのうちに小さなパイール（砂山と砂山との谷間の原野）が出現しはじめ、西側はお椀を伏せた砂山の連なり、東側は荒涼とした大砂漠地帯となってきた。

ラクダは45度の急傾斜でも必死の形相で登って行くのだが、無事登り終えたとしても、またべつの山や丘が目の前に顔を出す。そのため、我慢強いラクダもついには足踏みをして抵抗を始めるのだ。……人も、ラクダも、見えない〝砂の怪物〟の背中を追いかけて闘っている気がする。

ラクダも人もひと息つけるのは、斜面の途中で態勢を整えるために停止するときだが、その瞬間が少しでも長いと、ラクダ引きの棒のムチが容赦なくラクダに飛んでくる。

だから、ラクダにとって、(我々にとっても)、平坦地のパイールは疲れた体を休ませる慈悲深き存在なのである。パイールには、ラクダの好物の草も生えているし、焚き火の材料となる小枝や枯草もあり、キャンプの絶好の場となっている。

3月2日(火)、晴れ。北東の風強し。気温氷点下9度。出発点　北緯38度59分、東経83度24分。

隊員の小丸さんと雑談をしていると、「第三区間」に行くことを止めようか迷っている、と言う。

「えっ、ここまで来て、止めてしまうのですか?」と私。

「総隊長から、第三区間は難関地帯で厳しさが増します。砂嵐でも来たら個々の力で踏ん張るしかないので、あなたの体力では心配だからよく考えてください、と言われました……」

「成田さんは小丸さんの事を心配して言ったんですよ。砂嵐が来たら皆バラバラになっちゃうしね。大丈夫ですよ、私だって頑張っているんだから。今日は私はラクダに乗らず歩きますから、小丸さんも一緒に行きましょうよ」

「……一緒なら、私も歩いてみます」

小丸さんの表情がいくらか和らいできたので、二人でラクダのあとを追ってのんびり歩き出した。

「……砂が柔らかいし、深いから、倍疲れるよねえ」

「……ハイ。進んだと思って振り返ると、そうでもないし」

「ウサギじゃなくてカメになったつもりで、いいじゃないですか」

ハアハア、マイペースで歩くにつれ、小丸さんの声も顔も明るくなってきた。

するとドクターが私たちにふり返って、遠くを指さして来た。

「気車ですよ！（中国では自動車を「気車」と呼ぶ）」

ウニモグ車（高機能の多目的作業車両）二台が砂丘の斜面を下ってこちらへ走って来る。私も小丸さんも帽子を振って、トラックの運転手に敬意を表すと、一台は私たちの方向に向かって走って来るではないか。すぐ近くまで来たトラックのドア越しに「ニイハオ！」と叫んで、手をあげてみると、通訳の陳さんだった。別の一台からはカメラを持った人が私の顔を撮影しはじめる。

小丸さんが「田中さんではないですか！」と声をかけた。

カメラマンの田中さんと知って、私たちは彼の腕を大げさにたたいて無事を喜んだ。一〇日程前まで一緒だったのに、砂漠での再会は何と懐かしいことだろう。

田中カメラマンはシルクロード一帯の撮影のため、各地を走り廻っているという噂だった。それが砂漠のド真ん中で出くわすなんて。他の隊員たちも田中カメラマンの存在に気づいて、周りを囲みワイワイガヤガヤの大騒ぎとなった。

第二区間の終点直前で、NHK取材班が隊員たちにインタビューをしていた。小丸さんに「あなたは第三区間も行かれますか」と質問する場面で、「いいえ、これで終わります」と答えているのを見かけた私は、少しがっかりして気になって仕方ない。

——第二区間終点の塔中の街まで残りわずか。何とかして全隊員が一丸となって、目的を達したい……。

迷っていた二姫も〝続行〟

3月4日（木）、晴れ。風なし。気温氷点下10度。

今日一日、デポ隊の「第三区間」出発準備に追われる。〝デポ隊〟は行進を共にする「特別な任務をもった輸送部隊」である。本隊より数日分の食料、水等をラクダに積み込み、先に六〇キロ程先のルートに搬送して、また本隊に戻ってくる支援隊だ。再度戻って来た後、又同じルートを共に行動する大変重要な役割の援助隊だ。

デポ隊は今日より、「第三区間」の難関地帯に突入し、ラクダ一〇頭分に人間の水約四〇〇リットルとラクダの餌（ワラ、トウキビ、綿の実）と人間の食糧の一部を積んで三日程進行し、約五〇～六〇キロ先に荷物を置いてまた帰ってくる。

今夜はラクダ引きのウイグル人の手でウドン作り。羊の肉、ジャガイモ、白菜、トマト、キュウリ、ピーマンと種々の具が入る。かれらは伝統的な郷土料理をおいしく作るこだわりを持っている。

翌日は、コルラ市へ買物に行った人と、デポ隊が出発したため残った隊員とウイグル族の一一名が〝休日〟ということになった。

ラクダの鞍の修理を手伝いながら、ラクダ引きといろいろ雑談をする。

夕食は五キロ程離れたドライブインへ。残った隊員たちと中国料理で全員でビール二本注文し、一人前二二元であった（日本円で約二七〇円）。午後8時30分頃、帰り着いた。

3月6日（土）、晴れ。風なし。気温氷点下8度。

今日も〝休日〟である。私はコルラ市へ買物に行った通訳の王星さんに靴を買って来てくれるように頼んだ。デポ隊は今日で最終予定日だが、どこまで進行したか。二日後に帰って来る予定だ。

買物に行った人たちは意外と早く帰って来た。私が頼んだ靴と計算機も買って来てくれた。二個で一〇〇元（日本円で一三五〇円）。頼んだヘッドライトは店に在庫がなかった。買い出しの荷物を運び終え、トラックに乗り皆でドライブインへ食事に行く。テントに帰ると、買い出しに行った小丸さんと成田さんからヨーグルトとジュースをおみやげにもらった。

３月７日（日）、晴れ。気温氷点下３度。

朝食後、各人が荷物整理。私は水の整理をする。ミネラル水四〇リットル入缶二〇本、青印の布を付ける。水道水四〇リットル入缶二五本あり。黄色印の布を付ける。

午後になると為す事もなく、夕方、女性三人のテントを訪問した。小丸、須藤さんらと談笑。

小丸さんから「坂東隊長のおかげでこの横断も皆と楽しく同行出来るので感謝をしています」と言われる。小丸さんが「第三区間」を歩くことになり、迷っていた小武さん、藤沢さんの二名も刺激を受けて参加することが決まったと聞いて、嬉しかった。白藤さんも続行することとなり、これで残り区間全員でゴールが実現できる。

小丸さんは、数日前ＮＨＫのインタビューで「第二区間で帰国します」と言っていたが、私は何もふれず黙っていた。翌々日の朝、小丸さんが私のところに来て、「まだ迷っています」と言うので、私は「あなたの歩き方を見たら大丈夫。私は確信しています。皆で一緒に目的を達成しませんか」と言うと、小丸さんから「じつは、藤沢さんも迷っています。坂東さんから藤沢さんにも勧めてください」と言われた。

藤沢さんには、世間話のような感じでさらっと話を持ち掛けると、藤沢さんも決心を固めて「一緒に行きます」と言ってくれた。そうと決まれば、残りは小武さんひとり。彼女こそ〝歴戦のツワモノ〟だから、二人の様子を見てすぐ参加を決めてくれたようだ。

私は〝三人の決断〟を聞いて顔がほころび、「どんなにつらく苦しくとも必ず皆で一緒に目的を達成しゴールがしたい」と心の底からそう思った。

――逆に言えば、小武さんを躊躇させたほど、この探検が孤独で険しいものだったということだろう。「第二区間」は相当〝キビシサ〟があったから、「第三区間」を前にして皆不安になることはよくわかる。

難関の「第三区間」を前に続行を決めた四姫たち

一日三回のお祈り

3月8日（月）、晴れ。風なし。気温氷点下3度。

午前8時30分起床。今朝より「朝起き輪番制」が始まり、本日は小武さんの番。午前9時頃朝食。ナン、粉ミルク、塩サケ等。昼食はウイグル人の手料理のギョーザをご馳走になった。

――午後6時30分頃、デポ隊が帰って来た。

三日目に到着したところは「真水が十分にある、プールみたいで泳げるほど」と言う。

デポ隊の話では、先へ進むほど暑さが厳しくなり、ラクダに乗っていても耐えきれない暑熱だと言う。現状の栄養摂取では体力保持が難しいため、全員肉類を食べなければもたない、とのことで、明日はとなり村へ約二五〇キロ、マイクロバスをチャーターして肉を買出しに行くことになった。

私はウイグル族の文化に少しでもふれたいと思い、「自分も朝の礼拝に参加することができるだろうか」と親方に尋ねると、「いつでもかまいません。バンドウ、それはいいことです。一緒に行きましょう」と目をかがやかせて、歓迎してくれた。

そして翌朝から最後の別れの時まで、私はかれらとともにイスラム教の礼拝に参加することになった。

翌朝早く、ラクダ引きの親方が私を呼びに来てくれた。

「朝の礼拝のため、手、顔、お尻、陰部、足を洗って清めてください」と言う。

正直、水の消費はつらいなあ。飲み水は〝宝石と変わらない貴重品〟だ。礼拝用の水の準備がない私は仕方がないから、ヤカンの水を少量すくい取り、皿に入れ濡らした手で幾度も身をこすった。

そして、かれらと一緒に小高い丘の方へ上っていくと、西の彼方に向って見よう見まねで手を合わせて目を瞑り、ウイグル人の礼式を真似て約一〇分程のお祈りをした。

ウイグル人は熱心なイスラム教徒で、一日五回（五分〜一〇分）

一日三回お祈りをする

のお祈りを欠かさない。私はそんなにはできないので、一日三回のお祈りで済ますことにした。

体のあらゆるところに砂……


3月10日（水）。北東の風強し。

午前8時30分起床。テントの外は砂が激しく吹き付け、真っ暗……。

朝当番の須藤さんが「坂東さん、どうしましょう。この風と砂では火も使えず、食事しても砂が口に入ってきます」と言ってきた。

「大変だけど、仕方ないなあ。本当の砂嵐はもっとひどくて、逃げるよりほかに手はないからね」

「でも、どうにもなりませんよ。真っ暗で、身動きも取れずじゃ…」と須藤さん。

風は昨夜から猛烈に吹きまくっていた。砂がテントに入ってファスナーが全部不良、テントごと持って行かれそうな勢いだ。午後になると東の風がますます強くなってきた。

何もかも砂挨で黒く塗りつぶされ見えなくなる。午後3時過ぎ。テントから覗くと、砂嵐の暗い空に太陽が皆既日食のように見える。砂は地面を疾走し、目、鼻、口、耳、背中と、体のいたるところに入り込み、始末に負えない。砂よけのゴーグルをしても、それを通り越して目に入り込んでくる。眼の玉がゴロゴロして涙が止まらない。

第3区間への出発準備をする（主食のナン）

――これだけ砂が目に入って、よくもまあ、失明しないものだ。

と私は思った。呼吸をすればするたび、のどにも砂が入り、息が詰まりそうだ。口の中はジャリジャリしたままで気持ち悪い。

我々はその場を離れず身をすくめているしかない。無理して動き回れば、声も足あとも風と砂にかき消され、取り返しのつかない事態を招き寄せることが分かっている。

それでも、日が暮れかかって来れば、キャンプに適した場所を探さなくてはならない。砂や風との我慢比べだ。……午後7時頃になって、ようやく風が止んで来た。

黄色い嵐が吹き荒れる

「真水の池」にラクダも?　大歓声

3月13日(土)、くもり。風なし。出発点　北緯39度00分、東経83度58分。

今日もまた急斜面の登りが続く。出発当初はラクダ隊よりだいぶ先を歩いていたが、疲れてくるとすぐにラクダに追いつかれる。ラクダの足は早い。歩幅もあり、足の底は幅が広くやわらかく、砂に埋まらないようになっている。

ラクダの赤ちゃんがあれよあれよという間に、我々を抜いて元気に砂丘を登って行く。我々の歩幅と赤ちゃんラクダの歩幅がほぼ同じなのだから、おとなのラクダに追いつけるわけがない。

――ああ、水が飲みたい、と言って歩いていると、デポ隊の言っていた「真水の池」が現れた。こんな

ラクダ引きの親方は生まれたばかりのラクダの赤ちゃんを乗せて

果てのない未踏奥地に、真水の池があるなんて。何という奇跡だろうと皆で歓声を上げる。

しかしこの水池は天然のものではなく、調査のためヘリコプターで重機を搬送して掘った人工の池らしい。

……この人工の水辺で、ラクダも十分に水を飲むことができたし、隊員たちも空いた容器に充分水を補給した。今日はここでキャンプとなった。

３月16日（火）、くもり。北東風強し。出発点北緯39度00分、東経84度29分。

午前７時30分起床。ラクダ引きと一緒に朝の礼拝に行く。

小武さんがおにぎり（昨夜のメシ）を作っていた。朝食のおにぎりは一人二個。食後は羊肉の干し場をつくる。

タマリスクの枯木があり、野火を焚く。成田さんが野火で白菜入りみそ汁をつくり、非常においしかった。

大砂漠の中に大きな水池が有るなんて信じられない。
この水池もやがて砂が押し寄せ埋まる事であろう

ラクダの飼料、飲料水等を積んだ物資補給車との合流はまだ8日程かかるが、その地まで来てくれるので一安心だ。もし合流できず補給不可能となれば北緯三十九度線上の横断踏破は難航し、進路を南下しなければならない。そうなると我々の計画から逸脱して、イギリス隊、アメリカ隊の調査と変り映えしない「既成コース」となってしまう。

昼12時出発、相変わらず高い山が続いて行く。その急斜面と砂地の歩きにくさは筆舌に尽くしがたく、未だ世界の探検家、冒険家、学術調査隊が入っていないはずだと感じた。

落ち込んでいると、タクラマカンの水の神様のお導きか、思いがけずまた「水の池」に行きあたり、「蜃気楼か！……」と冗談を言い合う。

お陰で今日は井戸掘りをせずに済む。

午後7時30分到着、テントを張る。風砂のため、テント、寝袋のファスナーの開閉が全く不可能となりテントの役目果たさず。いかに手入れ修理すれども開閉あたわず、全隊員苦情しきりだ。

夜が更けて寝袋に入ろうかなと思ったとき、池に水を飲みに行ったラクダが湿地で泥沼にはまり、もがいていると言う。すぐに全員が協力して、ロープで引きあげることになったが、ラクダの引き上げは困難を極めた。長時間をかけ何とか引き上げられたものの、肝心のラクダは憔悴しきって半死半生のありさまだ。

――翌日は午前8時起床、お祈りを済ます。昨夜の風はどこへ行ったのか。昨日の風砂のため目に砂が入り痛い。ドクターにもらった目薬をさす。今日は休日のため一日中ゴロゴロして過ごす。テントのファスナーを修理したがさっぱり直らず、前後反対にして使用する。

水の池は中国がブルドーザーで掘ったものだ。幅は約一〇歩～三〇歩。水深約一メートル程。塩分濃度測定器破損のため、測定不能。ナメてみると塩分はなく、ニガ味があった。ラクダは水も飲めるし、飼料も十分に食べてゆっくりしている。ラクダの積荷も少しずつ減って来ているので、明日あたりから人間も乗れるようになるかも知れない。

ウイグル人は洗濯をしたり体を洗ったりしてゆっくりしている。昼のお祈りのとき、ラクダ引きが片言の日本語で、「坂東、ウイスキータベナイ、ビールタベナイ」と何回も言ってきた。何を言っているのかわからなかったが、よくよく聞いてみると「坂東さんはもうイスラム教徒なのだから、ウイスキー、ビールは飲んではだめですよ」と言っていたのだ。

それ以来、この旅が終わるまでの間、私はこの大真面目な忠告に従って、大好きなアルコール類を一度も口にしなかった。みんなで酒を飲む席になると、かれらは私の方をジロジロ見て、手をつけないとわかるとニコニコしている。

3月18日（木）、くもり。風あり。出発点 北緯39度00分、東経84度41分。

午後1時頃より東の風。午後3時頃より北北東の風。朝は風がほとんどなかったが、だんだん強くなってくる。風向きも毎朝ほとんど同じ方向より吹いて来る。

今日のような小から中くらいの砂嵐を、遊牧民は「サリクブラン」（黄色い嵐）と呼んでいる。大空が黄色くなってしまうからだ。今日一日、風が強く砂が飛び、耳目口鼻あらゆるところに入り込んでくるため砂よけのゴーグルをかけた。ゴーグルをすれば砂は入らないが、おもちゃみたいなゴーグルのせいか風防ガラスは砂が付着して取れず、くもって見えなくなり、付けたり外したりの繰り返しだ。

——あたり一面、乾いた細かい砂が層をなして積もっている。

すべての砂がちょっと風が吹くと舞い上り、どんなところへでも入り込んで行く。テントの中まで、毎日砂だらけで始末が悪い。靴の中に砂が入り靴ずれを起こすので、それを防ぐため毎朝毎晩二回ワセリンを手厚く塗り保護している。尻にも砂が入りラクダに乗ると〝尻ずれ〟を起こすので、常に尻の位置を少しずつずらす。陰部も荒れ、ただれて痛い。ウェットペーパーで朝晩手入れをしてワセリンをこまめに塗り保護している。

今日は全員でラクダ三頭支給となり、七人が交替で乗ることになった。私は、昨日まで六日間歩き通しであったが、一・五時間～二時間を三回乗ることができた。砂漠ではラクダから離れて歩くのは危険である。食料、水、生命を維持する物資を積んだラクダと離れて生きてはいけない。突然襲って来るカラブラン（砂嵐）や風は辺り一面を暗くするため、周囲が見えなくなり遭難する可能性も出てくる。

〝ラクダの路〟を耕す人

夜更けにパラパラと春の雨

3月19日（金）。風やや強し。出発点　北緯38度59分、東経84度55分。

午前10時。南の風から、日中は東風に変わり、風砂はなく、暑くもなく歩きやすい。積荷が少なくなり、今日はラクダが五頭空き、八人が一時間交替で乗る。私は一回だけ乗り、あとは歩くことにした。このぐらいの交替でラクダに乗ることは、体力温存のため非常によい。

最終目的地のチャルクリクまで、残すところ二〇日程度。一日一日、目的地に近づく楽しみが大きくなってくる。

タクラマカン砂漠の気象の特色は、一月・二月・三月上旬頃までは、カラッとした晴天が多く、風はほとんどない。雨雪はほとんど降らず、我々の場合も一月より三月二〇日まで一度も雨雪は降らなかった。この日は夕方ほんの少しパラパラと、また夜にほんの少しパラパラと春雨がテントをぬらす程度であった。

3月20日（土）、風少しあり。出発点　北緯39度00分、東経85度06分。

昨夜はめずらしく、雨がパラパラ、テントに落ちて来た。翌朝、外へ出てみると、砂地がぬれて爽快な気分だ。雨で湿った砂丘は落ち着いた色合いで、海のようにしっとりとやさしい表情をしている。春雨で砂が濡れたため、今日は風砂は飛ばないだろう。

朝、水の在庫確認をした後、補給物資予約のため通訳の王星さんにもラクダの餌の残量を知らせておく。ラクダの餌は主にワラととうもろこし等である。補給車との合流は北緯39度00分、東経85度50分の地点だがあと五日で到着する。

このまま東に進み、チェルチェン河が増水していなければ無事に渡れる予定だが……。今朝は東南の風だったが、午後3時頃より強風となってきた（約二五〜三〇メートル）。そして、予想しなかったカラブランとなり、辺りは真っ暗くなってきた。砂塵が舞い飛ぶ。目、鼻、口、耳など体のありとあらゆる穴、すき間すべてに砂が進入してくる。

砂丘は相変わらず高層連山が続き、ラクダも山

の高さを見上げ座り込んでしまう。我々はラクダから降りて、少しでもラクダが通りやすくと〝ラクダの路〟を踏み続け砂面を固めようとするが思うようにいかない。ラクダ引きの親方はクワを使って、ラクダが前進しやすいように行く手の斜面を整備している。

成田さんと成田隊員はこうしたなかで、毎日、ラクダの様子と斜面の案配を見計らって、新しい〝ラクダの路〟を切り開いている。恐ろしいほど根気と体力を使う作業だ。ラクダ引きの親方はラクダの進みやすい砂丘を見定めて指示を出す。ラクダ引きはそれに沿って進むのだが、ラクダの登りやすいところを求めて遠まわりして行くこともある。しかし、そこにも急斜面がある。するとまた、新たな路を切り開いていく、という連続である。

今日の進行距離は一七・七キロ。ラクダに乗ったが、強風のため寒くてしょうがなかった。「春分の日」ということで、夜食時にビール一缶支給。私は目下イスラム教徒の見習いだから、酒類は中止で我慢して寝袋に入り込んだ。

飲めないのはつらいが、自分で言い出したから仕方がない。私は、ウイグル族の気持ちの中に溶け込ん

で、タクラマカン砂漠踏破の旅を続けたいと考えている。朝の礼拝は日々の生活を神聖にしてくれる禊《みそぎ》の時である。

3月21日（日）、晴れ。風砂やや強し。出発点　北緯39度11分、東経85度18分。

行く手を阻む切り立った砂山と、先発隊の成田さんと成田隊員が今日も悪戦苦闘して進路を探っている。GPSを基に成田隊員が進路を差し、成田さんが小型スコップでラクダ路、幅約70センチを作っていく。ラクダ引きも進路探りに一生懸命だが、今日は両者の間で進路をめぐり意見が対立した。

この日も成田さんたちは遠く迂回しつつ、ラクダの通り路をスコップで砂をならし固めて進んで行った。しかし、ラクダ引きはラクダを引き連れて砂山の急斜面を迂回することなく進んで行く。成田さんは顔色を変えてラクダ引きの親方のところに駆け寄っていった。

「なぜ、我々が通りやすくしたラクダ路を進もうとしないのか！」

「ここの砂山の傾斜を斜めに進んで行けば砂丘の上まで登り切れる」とラクダ引きの親方。

成田さんは「斜めに進んだところでラクダの負担が重く、弱りきって倒れてしまうではないか」と反論した。成田さんはスコップを砂に叩きつけ、「それなら、親方が俺に代わってラクダの路をつくればいいじゃないか！」と激昂した。

二人とも〝ガンコモノ〟だから、仲裁に入っても収まりがつかない。

昼食後、全員によるミーティングを開き、今後は成田、ラクダ引きの親方、遊牧民との三人で、お互い声を掛け合いながら進路を調整し進もうという結論に至った。

その後はラクダ引きの親方と成田さんは何日か一緒に歩き、成田さんのラクダの路作りを理解したようだ。

今日も急な砂の斜面が続き、怒鳴ってもムチを加えてもラクダは動かない。乗り手も足で拍車をかけて気合いを入れるが効果なし。……結局は、少し休んでは進み、また進んでは休むの繰返しである。

今日の進行距離一七・四キロ。補給車との合流は二日後である。

砂嵐の襲来ふたたび

砂塵が奏でる砂丘の笛

3月22日（月）、くもり。夕方風強し。出発点　北緯39度01分、東経85度30分。

今日は同じくらいの高さの砂山が続き、二時間おきくらいにパイールが現れる。その広がりは北東から南西に延びて、五～一〇キロ位か。

我々は東へ進んでいるため、パイールの中は一～三キロ位しかない。そのため、平らな歩きやすいパイールの恩恵をあまり感じることはなかったが、パイールの全容を一度は通過してみたいものだ。

日中は強風が吹き荒れた。ゴーグルを付けると砂がレンズの表面にくっついて視界が閉ざされるため、ラクダに乗るときは付けるが、歩くときは付けない。砂丘の山なみは東に進めば進むほど高くなって行く。急斜面は南方向に面しており、大きな高い砂丘の峰々は東の方向に並んでいた。

砂挨が漂い続けているが、太陽がどの辺りにあるのかぐらいはわかるようになってきた。到着目的の東へ向かって進んでいるが、砂丘の登りが険しく迂回をして行く場合は、時間と太陽の位置を見ながら東を求めて歩いて行く。

ときどき烈風が砂を巻き上げ、我々の目、鼻、口、耳等、全てが閉ざされる。息がつまりそうだ。首より背中にかけて砂が入り、ラクダに乗るたび鞍と擦れ合い、あちこち痛くて仕方がない。足は靴ずれを防ぐため、朝夕にワセリンを塗っておく。

砂の闇の中で、見えるものはなく、聞こえるのは烈風が砂を巻き上げ奏でる一種独特な笛のような唸り声である。季節風はますます激しさを増し、やがて遠く離れた日本にも春の黄砂となって吹くだろう。

……その風も、夕方にはパタッと止んだ。

夜になって、キャンプ地の頭上に銀の盆のような大きな月がかかった。月光の下、砂山の背が浮かび、谷間の陰が映し出される。遠い砂山の連なりもくっきりと浮彫りになり、まるで子どもの絵本さながら、静かな郷愁の世界が広がっていた。なだらかな稜線の向こうから、遠くはるばるとラクダに乗って童謡「月の砂漠」の王子様とお姫様がやって来そうな夜の景色であった。

強風は休みなく吹き荒れる

3月23日（火）、くもり。風なし。出発点　北緯39度00分、東経85度43分。

成田さんは丘の上で双眼鏡をかざし東の方角を睨んで困惑していた。砂丘の山なみがますます高度を上げ、行く手を閉ざすようになったからだ。前途多難。今日は風が止み、砂塵もなく、好都合であったが、急斜面が続き、屏風の向こうには屏風、という展開で、砂の山なみが続いている。

三月二〇日以降になるとくもりの日が多くなり、風向きは朝方は南か南東、南南東、昼頃より午後3時頃までは東の風、午後5時頃より北東か北の風である。ほとんど毎日同じような様子であった。

今日は「第六の水の池」があった。補給車と合流の予定だが、未着のため砂丘の頂上に大きな旗を立てておく。あと一時間程で暗くなる。不安になってきたが、夜9時過ぎになってウニモグ車（高機能の多目的作業車両）二台がやっと到着した。砂漠では、一台での走行は危険が伴うため、必ず二台で走行する。補給物資は主にラクダの飼料（とうもろこし）、人間の水40リットル缶五ケース（二〇〇リットル）その他野菜、コーラ、ジュース、ビール等。

3月26日（金）、晴れ。風強し。出発点　北緯39度01分、東経86度11分。

午前11時出発。今日は一日中ラクダに乗る。昼12時頃より西風猛烈に強くカラブラン（砂嵐）襲来。辺りは砂で視界が閉ざされ、先発隊の足跡も消された。ゴーグルをするが、夜のように暗い。ラクダに乗っているので、見えなくともじわじわと進む。しかし風はだんだん強くなり嵐そのものと化す。風速四〇メートル位はあるだろう。

隊列から離れ、進路を見失えば死に至る事故につながる。猛吹雪に遭遇し、方向を見失いさまよい歩くホワイトアウトと同じ状況だ。遭難する危険性は充分考えられる。とりあえず、進行停止、強風が通り過ぎるのを待つ。昼食はクラッカーを口に入れ、少ない水で喉を湿らす。ソーセージを食べても砂を食べているのと同じ。

仕方なく、午後からの出発となった。

西風は休みなく強烈に吹きつける。人間もラクダも地上にあるもの全てを高々と闇の向こうへ放り出してしまうような荒々しい力だ。今夜はここで停止し、キャンプを張るほかない。高い砂丘の急斜面の途上にいては簡単にテントが吹き飛ばされてしまうため、全員隊列から離れぬよう呼びかけ、少しずつ進行して行く。目も口も開けられず、闇の中で何かにしがみついているような時が過ぎて行く。少し、おさまってきた。しばらく進行し、ラクダを休ませる。すると運よくほんの少しの平地が見つかったので、堅い砂地を選んでテントを張ることにした。地面はカラカラに乾いていて居心地は悪くない。今日は西から吹いていた猛烈な風だったが、東へ向かう我々は強風のさなかでも目に砂が入らなかったのは幸いであった。

この一帯は、無数の砂丘が北東より南西に向けて走っていた。そして高い砂丘と砂丘の間には小さな帯状の平らな荒野（パイール）があった。我々がテントを張ったのは、このパイールの片隅である。この地には乾いたガラスのカケラのような植物が生えていて、手で触るとカサカサと音をたてて崩れ落ちた。

しかし、悪いことばかりではなく、明日はラクダの水掘りと決めていたところ、「第七番目の水の池」を発見。そこでラクダにゆっくりと、充分水を与えることができた。

キャンプ地到着午後５時。日はまだ高かった。風は依然として吹き続けているが、夜間は止むことを祈るばかり。食事後に靴の修理。テントが吹き飛ばされないことを祈った。

水鳥がたくさん集まる村

バルハンの尾根道

3月27日（土）、晴れ。南風弱し。出発点　北緯39度01分、東経86度20分。今日も一日、ラクダに乗って行く。午前11時出発。

ラクダたちは隊列をつくり歩調を合わせるようにゆっくりくり進んで行く。途中で乾いた草むらを見つけると、届きもしない遠いところでも、長い首を伸ばして食べようとする。

砂山の東側は低く西側は高い、「バル

このなだらかな砂丘の彼方は、切り立った砂山で、
バルハンと呼ばれる三日月形の砂丘で半スリバチ形になっている

ハン（三日月砂丘）」と言われる三日月形の砂丘である。バルハンは大きなすり鉢型で一〇階建のビル程の高さがあり、その頂きは槍のように尖っている。砂丘の斜面はなだらかな稜線を描いて、北東より南方向へと上がって行き、いくら眺めても飽きることはない。……この三日月砂丘をコンサートホールにして、〝カラヤン〟指揮による名演奏を聞けたら、音響効果も良くてすばらしいだろう。

広大無辺の大ホールに、演奏家たちが繊細に繰り出す豊かな音色が響き渡り、大観衆が砂丘に座り耳を傾ける、という場面を描きつつ、ハアハアゼイゼイ、顎を出して歩いて行く。砂丘を歩き出すと、そんなふうにさまざまな想いにとらわれる。自分との対話を無心にしていることがある。

その美しい尾根づたいの道も、一歩踏み誤れば奈落が黒い口を開けて待っている。砂漠では、すぐ隣りに「死」が横たわっている。

――そろそろ陽が沈みかけてきた。太陽は地平線よりだいぶ上にあったが、みるみるうちに紫の山なみの向こうに吸い込まれていった。私はこの日、ラクダが夕陽の荒野を行く幻想的なシルエットを何枚も写真に収めることができた。

チェルチェン河床まであと四日余り。もうすぐ、この砂漠の原始の旅も幕を閉じる。私は予備の新しい靴と古い靴の二足をラクダ引きにあげることにした。

しばらく行くと、登りの急斜面の入口でラクダ引きの親方と、遊牧民が大声で怒鳴り合っていた。かれらは数日前の朝も大声で怒鳴り合っていた。

「おい、またやってるヨ。元気だなあ、まったく……」と私。

「景気づけさ。にぎやかでいいや」と白藤さん。

慣れとは恐ろしいもので、彼らの口喧嘩もタクラマカンの風物詩のように見えてくる。

今夜の食事は肉ごはん、味噌汁付きの大御馳走。ラクダ引きが私のテントに干しぶどう、クルミ、綿の実やらを抱えてきて「食べなさい」と言う。私は遊牧民たちの飾り気のないやさしさが好きである。

チェルチェン河畔に辿り着く

3月28日（日）、晴れ。東風強し。出発点　北緯39度00分、東経86度22分。

今日は一日中徒歩。午前中切り立った砂山は少なくなり、なだらかな砂丘が続く。今日一日で一三・五キロ歩いたがパイールには出くわさなかった。

午後からはまた砂山が高くなり、高い砂山がぐるりと周囲に広がり出し、北を向いても、東を向いても、ラクダが登れそうな斜面が見当たらない。南に向かって遠回りして大きく弧を描いて歩くよりほかなかった。

地図で見ると、チェルチェン河まであと四三・一二キロ。三日程で到着だ。

昼食後、私も初めて先発隊のメンバーの体験を

してみたが、改めて、大変な作業だと実感した。成田さんと成田隊員はラクダの路をつくるため、砂丘の高いところや固いところは小型スコップを使って路をならしていく。それにより、ラクダも安心して固い斜面を歩いて行くのだ。ラクダの負担は少なくなるが、その作業負担は並みの人間は数十分と持たないだろう。二人は当初から、弱音を口にせず、黙々と取り組んできた。ラクダたちへの愛情が深いからこそ、こうした労苦に耐えてきたのである。ほんのわずかな時間でも、先発隊の仕事に関わってよかったと思った。

成田隊員は数日前より体調が悪く、ドクターに点滴をしてもらっている。成田隊員の体調不良は〝ラクダ路〟の過労が身にこたえたのだろう。

この日は、三頭目のラクダの赤ちゃんが生まれたので二時間程、途中で進行停止した。補給物資注文のため水の残量を確認すると残量は一三ケース、七一〇リットル。

――3月30日、午後4時少し前にチェルチェン河畔に辿り着く。

河床に胡楊の木がぽつりぽつり見えはじめてきた。そしてさらに砂山を越えて行くと、途端に一望千里の大平原が広がってきた。ラクダ草が一面に茂っている。原野は乾いているが、ラクダが歩くとスネまでぬかり、前のめりになってしまう。

そのまま原野をラクダで行くこと約二時間。前面に川面が見え、ヨシが一面に茂っていた。このまま湿地帯をラクダで行けば、足をとられるので河岸の進行を止め、砂丘へと上がり、進路変更した。少し上流の方へ進みテントを張る。この辺りは川が近いため、大豆粒程の恐ろしいダニがいるので厄介だ。

沼地からラクダを引き上げる

3月31日（水）、晴れ。風なし。出発点　北緯38度58分、東経87度04分。

目的地のチャルクリクまで九〇キロ、この探検もあと五～六日余りとなった。我々隊員よりラクダ引きの方はもっと嬉しいはずだ。仕事が終わり、約束のまとまった支払いがあり、故郷へ帰ることができるのである。

昨日は、四頭目のラクダの赤ちゃんが生まれた。

――午後2時頃、チェルチェン河の浅瀬で、膝より少し深いところを隊員と二人で渡った。そのあとを積荷したラクダが五～六頭ずつ続いて行く。一度に全頭のラクダが渡ると事故につながるため、分かれて進行しているが、最後尾のラクダが沼地に足を取られた。

ラクダ引きは慌てて手綱を引き、声をかけるがラクダの足全部が沼地につかり、もがけばもがくほどラクダは動けない。ラクダの胴回り全体にロープを掛け、全員で一斉に引き上げる。が、刺さったように動けない。周囲のぬかりを固めようと萱やらヨシを折って、ラクダの下に敷くやら、ロープを掛け直すやらして、全員で掛け声をかけ、必死で力を合わせるのだが何の効果もなかった。三〇分くらい、あれこれとやってもラクダは身動きできず、我々の方が汗だくで岸に座り込んでしまった。それでもあきらめず、何度も同じようなことを繰り返すうち、少しずつ湿地を固めてやっとの思いで引き上げることができた。全員で〝拍手〟。皆と力を合わせ、仕事をするのは嬉しい。

午後4時30分、補給予定地のクマチャクマ村に到着した。「クマチャクマ」とは、〝水鳥のたくさん集まるところ〟という意味だそうである。

補給車の到着を待ち、昼食。よく晴れて、日も高く、久しぶりに水浴びでもしようと近くの沼に

チェルチェン河を渡りきる一歩手前で、湿地帯で最後尾一頭がぬかり、
必死の思いで引きあげる

裸で入ると、膝頭のあたりより底なしの深みにはまってしまった。片方の足を引き上げれば、もう片方の足がぬかり込む。このまま、沈み込んでしまうのではと気味悪くなり、あわてて退散。水浴びはあきらめ、水を手にすくい体を洗うだけにした。

最大の敵は塩皮殻湿地帯

ラクダの毛並みにも春

4月1日（木）、晴れ。風なし。出発点　北緯38度59分、東経87度11分。

朝食後、昨日着いた補給車から物資を受け取り、午前11時45分出発。

この辺りの湿地帯はぬかり込む危険があるため、現地クマチャクマ村の案内人を紹介してもらい、チャルクリクへと進んで行くことになった。

今日いち日、湿地帯のブッシュの中を徒歩で行く。アップダウンのある湿地帯で、午後4時の昼食まで一〇キロ進行。この分なら二〇キロ進めるかと思いきや、午後からはまた砂丘が高さを増して、午前中ほど進まなかった。


チェルチェン河の第二河床まで四キロ手前のところで進行停止。河床地帯のタマリスクの〝メサ〟が高かった。〝メサ〟とは、砂に埋まった植物が、上に伸びようとして根を張り、また砂に埋められ根を張る、ということを繰り返し、幾百年もの時を経て小さな「塚」となったものである。

河床ではタマリスクの成長が早く、メサ塚も大きくなるのが早い。反対に砂丘奥地ではタマリスクのメサ塚は成長が遅れ、メサ塚も小さく、水分がなくなっている。

この辺り一帯は、千年もたったメサが四方に散らばって壮観な眺めだ。

テントに入り靴を調べてみると、かかとの方が左右ともにすりへり、ほつれてきている。あと四日程でチャルクリクだが、持ちそうもないので、残りの二日はラクダに乗り、二日は徒歩で行こうと思った。


4月2日（金）、快晴。風なし。出発点　北緯39度00分、東経87度23分。

午前11時頃よりヨシの密集地を進む。5月頃ならば、アルチン山脈かコンロン山脈の氷河より雪どけ水がこの湿地帯に溢れ出し大湿原が出現しているであろう。立ち止まり湿地に棒を差し込んでみると、腰のところまで簡単に刺さってしまう。ヨシ原と湿地帯は、見渡すかぎり、何一つなく、ただただ、ものすごく広い。

ラクダも足が沼地にはまりこみ、前にツンノメリ、やっと歩いている。そのラクダの体にも春が訪れていた。〝毛変り〟の時季で、冬用の厚く暖かそうな毛が、毎日毎日、束になって抜け始める。すっかり毛変りするまでは、哀れなほどみすぼらしい姿で見るに忍びな

タマリスク（柳の様な赤色をおびた木）の1000年近くも経過したであろう老木のメサ（根塚）

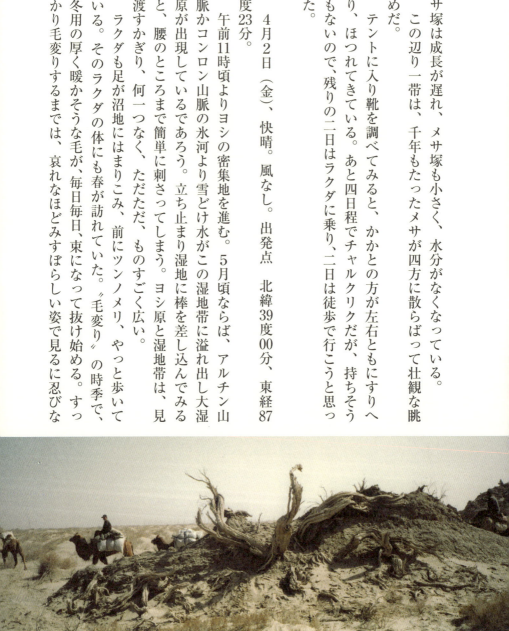

い。遊牧民はその抜け変わった毛を持ち帰り、軟らかくて丈夫なロープをつくる。そのロープは積荷の時などはラクダの胴回りを傷めず、大変使いやすい。

底なし沼からの脱出

4月3日（土）、晴れ。風なし。

今朝はコンロン山脈が姿を見せている。遠くの山々の重なりから朝日が赤々と昇り立つ。山脈のはるか麓の下まで、遮るもの何一つない、大平原が広がっていた。

私は出発前に札幌の専門店で、「砂漠歩行用特製靴」を注文した。実に履心地が良い素晴らしい靴であったが、砂漠横断中の酷使によりすっかり傷んでしまった。我が隊がなだらかな砂丘や原野を進むうちはまだしも、途中から塩皮殻（塩が溶けて砂と混ざり、岩のごとく固まったもの）の湿地に変わってぼろぼろになった。塩の固まりが砂と混ざり、塩の石となって、歩くたびに足に突き当たり、一足ごとに歩行困難をきたしてきた。

我々人間の靴底も痛み、ラクダの足裏も裂けて出血して毛布、麻袋等で保護して歩いた

進むにつれ、足元の地面も大きな塩の塊と、ごつごつと先が尖った砂が多くなり、足裏が頑丈にできているラクダでさえ傷つき、出血して歩みを止めざるを得なくなった。遊牧民は毛布等ありとあらゆる物でその足を保護してやり、ラクダはようやく歩行できるようになった。

午後からの進路は、上は塩皮殻でその下が湿地帯のため、ラクダが一足ごとに足が沈み込んだ。その場は脱け出すが、すぐ足をとられ、もがけばもがくほど湿地帯にはまり込む。

ラクダ引きはロープをラクダの腹に回し込み、全員が右と左に分かれ、日本人、中国人、ウイグル人の区別なく一生懸命に前後左右にラクダ全体をゆさぶり湿地帯から脱出しやすくして、手綱を強く引きたてる。

それでも沼地に脚をとられるラクダもいて、ラクダ引きは全員の掛け声と共に力の限りラクダにムチを振り、追いたて、立ち上がらせて脱出させる。そうしたラクダが何頭もいて、それぞれが一度や二度ではない。日は暮れかかり、このまま荒野に置き去りか、というラクダもいたが、皆であきらめず根気強く引き上げて全頭助け出すことができた。

塩皮殻の上を歩きラクダの足底は血だらけになった

全ての作業が一段落しても、しばらくは〝死〟にとりつかれた恐怖感が影のごとくとりついて離れなかった。一歩間違えば、人もラクダも引き込まれ、飲み込まれる泥沼地獄だ。チェルチェン河から到着地のチャルクリクまでの大平原の塩皮殻湿地帯には、このような底なし沼が数知れず散在している。これまでの困難な体験を思い返しても、これほど危険で恐ろしいことはない。

明日もこの地を進んで行くかと思うと恐怖で慄いたが、やがて遠く彼方にポプラの梢が見えてきたときは、助かったと思い体の力が抜けるほど安堵した。オアシスの街には必ずポプラの木々があるからだ。そのオアシスの町は遠く、なかなか見えて来なかったが、我々は元気を取り戻し、服も靴もドロドロ、ボロボロの状態で東へ東へと突き進んだ。

頭髪とヒゲも伸び放題で、体力も弱りに弱りきっていたが、もう終点が目前だ。

塩皮殻の大平原。一足間違ったならば底なし沼が

並木道の木々の葉はそよいで

野火を囲んで最後の乾杯

4月4日（日）、快晴。風なし。出発点　北緯38度59分、東経88度02分。

今朝も塩皮殻の湿地帯を行く。湿地帯の上層は塩皮殻、下層は泥沼である。大きな水溜りには精製されたように真っ白な塩が幾重にも層をなしている。手に取ってなめてみると、塩分が強く苦くてどうにもならない。

ゴツゴツした塩皮殻の原野が延々と続く。しかし、隊員たちは皆、立ち止まらず、かみしめるように歩いている。

——やがて、丘の向こうに、山一面に白雪をかぶった魔界のようなコンロン山脈とアルチン山脈が見えて来た。

「中国の山は厳めしくて、こわい感じ」

「富士山のやさしい雪化粧とはちがうね」

「遠くの空で、鷲が翼を広げたような……」

「近寄りがたいね。非情で、文明を拒む感じで」

もはや、オアシスの街も間近に迫っていた。通りの木々の若葉は春の陽差しに踊りだして「ゴールオメデトウ！」と囁いている。

……もし、我々の到着があと一週間遅れていたら、アルチン山脈の氷河から解け出した水が一大デルタ地帯となって広がり、ルート変更をせざるを得なかっただろう。

私は進行の途次、川が幾筋流れているか、数えながら歩いてみた。朝の出発（午前11時40分）より午後1時30分まで約二時間で四キロの間に、水が流れている小さな川は九本、水の流れていない川は四本、計一三本の川筋が認められた。

しかしあと一週間もすれば、それらのすべての川が溢れ出して進路を妨げるだろう。私は前年の調査で、コンロン山脈の氷河が溶け出した洪水の恐ろしさを経験している。

午後4時過ぎ、チャルクリクまで約六～七キロ手前に到着した。

中国のテレビ局とＮＨＫ取材班が待機しており、インタビューに応じることになった。東京からＮＨＫシルクロード特別取材班のエグゼクティブ・プロデューサーの智片通博さんがこの辺境の地まで来てくれていた。今朝、智片さんは我が家へ電話をしてくれて、全員が無事に砂漠横断を達成した事を伝えてくれた。……感謝。

また若いＮＨＫのカメラマン二人は過酷な砂漠の中で

ゴールも近づき、暖かな日差しのもとくつろぐ
佐々木カメラマン（左）と田中カメラマン（右）

も困難に対するねばり強さ、聡明さ、快活さを持ちあわせ常に私たちの心をなごませてくれ時にはその姿に励まされ勇気をもらった。

「チャルクリクの町は、そこに見えている。なぜ、今日のうちに到着しないのか」と言う隊員もいたが、私は隊長として、今夜はゆっくり野営をして体を休め、明日は全員元気にチャルクリクに入り、憧れのオアシスの街を闊歩したいという思いがあった。

「我々は目的を無事達成しました。ゴールはすでに一人ひとりの心の中にあります。今日はともかく疲れた身体を休め、そして、明日は新しい気持ちで、全員で最後の一歩を踏み出しましょう」

夢に見た最終ゴールの地に慌ててなだれこみ、ピリオドを打つことはしたくなかった。

「今日はヒゲでも剃って、焚火のまわりでささやかな最後の乾杯をやりますかな」

そう言うと、私の前にいた小武隊員もうなずいてくれ、

「やっぱり、朝から身を清めて礼拝をしているヒトは違うね」と言って微笑んだ。

出発して一度も風呂に入っていない

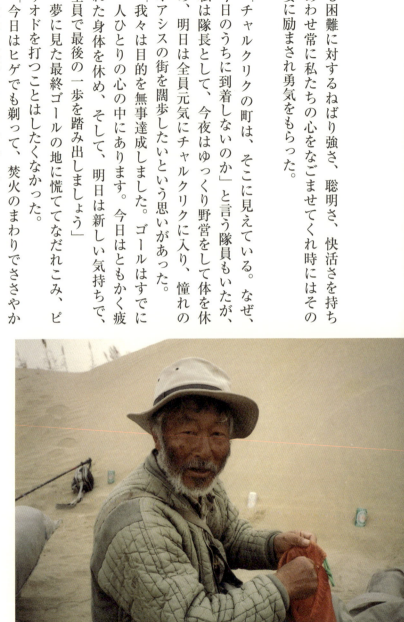

雪解け水を畑に入れる日

4月5日（月）、くもり。風なし。

今日はラクダ引きたちの兄弟もホータンへ帰る日である。

毎朝7時30分頃起床してウイグル人と礼拝に行く。今朝はいつもより早く彼らと共に西の方のメッカに向かってお祈りを始めた。ウイグル人との朝のお祈りも、今日で最後だ。

私は心をこめて「無事到着しました。ありがとうございます」とお祈りをした。

ラクダ引きは私が朝の礼拝を一度も怠らなかったことを喜んでくれた。

「バンドウ、マイニチ、イイネ！」

「ありがとう。おかげで、この旅が素晴らしいものになったよ。あなたたちの活躍がなかったら、我々はここまで来れなかっただろう」

通訳の王さんに私の気持ちを伝えてもらった。私はかれらと朝のお祈りを共にしたことや、焚火のまわりで身振り手振りで語らい、遊牧民たちの仲間にしてもらったことを深く感謝している。

また中国隊、隊長兼通訳の王星さんの協力も大変大きかった。王星さんにも深く感謝の気持ちを伝えた。

テントに戻る頃、全員が起き出した。

朝食はいつもと同じカップラーメンとナン。

昼前出発、二時間程して、最終目的地チャルクリクのオアシスの街に入る。2004年4月5日午後2時、我々はついに七三日間のタクラマカン砂漠踏破を達成した。

我がキャラバン八名は、タクラマカン砂漠の真っ只中、北緯三十九度線上を西から東の端まで、蛇行をしながら約一二〇〇キロの道なき道をラクダと共に踏破し、有史以来世界で初めて前人未踏の横断を実現したのだ。死の砂漠と言われる砂の山間を徒歩で歩き通し、砂嵐のトンネルの中、日本を出発してから約八〇日間に及ぶ忍耐と苦闘の旅であった。

隊員たちは到着の感激に手と手を固く握り締め、肩を抱きあい、ある者は感極まって声を上げて涙する者もいた。

〝タクラマカン砂漠　北緯三十九度線 1200 キロ〟踏破

街の目抜き通りには、「こんなに人がいるのか」と思うほど大勢の人たちが溢れかえり我がキャラバンを歓迎してくれた。道路の中ほどには大きな横断幕が掲げられ、中国語で「中日タクラマカン砂漠横断勇士凱旋」と書かれている。

沿道は村祭りのようなたくさんの人がいて、子どもたちが花束や旗を持ち、我々一人ひとりに花束をプレゼントしてくれた。

ウイグル族の若者たちは民族衣装を身に纏い、素朴で軽快な民族音楽を奏でる中で、若い女性による歓迎の舞踊が行われた。舞い終わると一人の女性が我々の方に歩み寄って、隊員一人ひとりに「ハダー」という幅の広い白い布を首から胸へと掛けてくれた。

「……昨日、ムリして到着しなくてよかったね」と成田総隊長。

「こんなに歓迎を受けて何だか恥ずかしいわ」と小武さん。

「沿道の人たちが心から私たちを迎えてくれて感激しました」と小丸さん。

「辛くても頑張って良かった！」と須藤さん。

隊員の成田さんは「皆で一緒にゴールできて、最高です」と皆、素直な気持ちを口にしていた。

〝チャルクリク県始まって以来〟と言われるほどの祝福と歓待に、我々は心から感謝し、晴れやかな思いで人々に応えながら街中を行進して行った。

四五年間温めていた夢がついにかない胸に熱い思いが込み上げてきた。

今、隊を振り返って思う事は横断成功のカギはチームワークに支えられた、という事。助け合いながら最後まで目標を見失わなかった。

一〇〇年ほど前、探検家スヴェン・ヘディンが挑戦したタクラマカン砂漠横断。

ヘディンに憧れて巨大砂漠に挑み北緯三十九度線一二〇〇キロを踏破して横断を完遂することができた。

この過酷な旅をともに戦ったすべての仲間たち、ラクダたちに心より感謝！

——気がつけば、日差しがまぶしく、頬をなでる風もやわらかい。

中国人通訳の王星さんの話では、今日は初めて、コンロン山脈、アルチン山脈の雪解けの水が村の畑地に引かれ、流れ込む日だと言う。

砂漠のほとりのオアシスの街では、春は駆け足でやって来て瞬時にして真夏へ変わるのである。

（付記）……タクラマカン砂漠北緯三十九度線踏破の我々の軌跡を讃えて、チャルクリク県共産党書記長はじめ各界の代表者から、励ましや賞賛の言葉を頂き、中国のテレビ局並びに各新聞社はこの出来事を大々的に報道した。ＮＨＫでは『秘境シルクロード熟年ラクダ隊　タクラマカン砂漠を行く』というドキュメンタリー番組として制作され、２００４年10月16日テレビ放送された。番組は困難な旅に挑戦する熟年男女の姿を追いながら社会一般の方々に生きる勇気と希望を与えたと言う理由により、２００５年４月の「第13回橋田賞」を受賞する栄誉を受けた。この受賞作品は多くの方々の支持を得て、ＮＨＫ総合テレビ、ＢＳテレビで何度も再放送された。

２列目、向かって右端（著者）

終章

もう一つの旅

旅の木霊たち

あの旅もこの旅も……

砂漠の探検から帰っても、旅はそれで終わりにはならなかった。
お世話になった方々に手紙を書いたり、挨拶をしたり、取材や講演等があったりで、頭の中は昼も夜も、砂漠の山なみや砂嵐や湿地帯がグルグルめぐっていた。私のそばにいつもいたラクダたちや旅の仲間がいないことが、不思議な気がする毎日だった。

そんなところへ、新聞掲載記事を読んでくれた方や、ＮＨＫのドキュメンタリー番組として放送された『熟年ラクダ隊タクラマカン砂漠を行く』を見てくださった方や、私の〝探検報告講演〟にお付き合いいただいた方々から多数のお便りをいただいた。

「地球上に残された未知の領域への旅。大変なところへ行ってきましたね！」

「一歩間違えれば蟻地獄。大海に投げ出された小舟のようでハラハラし通し！」

「極寒のラクダの流産に、涙が止まらなかった…」

「ニホン人は恵まれ過ぎ、とわが身を振り返りました」

――など、さまざまな声援を送ってくださった方々は、五〇代、六〇代の熟年者が多く、七〇代、八〇代の私と同年代の高齢者も少なくなかった。

皆さんは、それまでの人生のなかで喜びも悲しみも存分に味わってきた「人生の練達者」揃いである。私の〝砂漠行脚〟に驚いたり、あきれたりしながらも、自分たちが越えてきた険しい山坂や喜怒哀楽の思い出とも重ねておられるようだ。

その上で、「お互い、残りの人生もがんばって行きましょうね！」と温かい励ましを送ってくれているのだった。

その一部をここに少しだけ順不同で紹介したい。

◎……『経済の伝書鳩』誌上連載のタクラマカン砂漠踏破の寄稿文を拝読していたく感動いたしました。私は現役兵時代、北満に駐屯して居り、大陸に関係した記事を見ますと懐かしさが甦って参ります。当時二五歳、以来六二年間、時は移りすっかり変わりました。若さは羨ましい限りです。ついこの間実行されたのですから。お体に気をつけられて次なる夢に邁進してください。（北見市　増田様）
◎……坂東さんの壮挙には感動致します。氷点下30度の極寒やあらゆるものを飲み込む砂嵐の中を踏破する心意気には、特に七六歳（講演時の年齢）と言う年齢には感嘆のほかありません。私の先輩が中央アジア、特にパミール高原には行ってみたいものだ」と話していました。私も坂東さんと同年齢ですが、今や寿命も延びたことだし、いろいろな事を通して、坂東さんの意気込みに肖りたいものです。（女満別町　山下様）
◎……今どきめったに無いスケールの大きい探検旅行を面白くよどみなくお話しくださったので約一時間の講演を我々は吸い込まれるように聞き入っていました。（「地球小学校」中村様）

◎……ＮＨＫで放送されたとき、夢中になって映像を見ていました。もう一度見たいと思っておりました。／とてもよい講演で感動いたしました。／私たちのような老人の団体だけではなく、もっと多くの人たちにも聞いていただきたい。（本別町高齢者学級「義経教室」）

◎……文明の時代、大変住み良い場所に居ながら有難みがわからない私たちがいかに我儘か、と分からせていただき、毎日の暮らしがどんなにありがたいか、感謝できました。／私は、昭和二年生まれで、もう人生も終わりと思っておりましたが、坂東さんが誠に大きな夢と希望を抱き続け目的を達成したことに心を打たれました。（豊頃町「生涯教室」）

◎……厳寒の一二〇〇キロにも及ぶ砂漠横断の体験を、迫力ある肉声で拝聴でき、私もその緊迫した状況下に置かれている気持ちになりました。絶体絶命の窮地に立たされた時の心情は冒険家に限らず、生きて行く上に置き換えても迫って来る内容でした。それにしても、あのエネルギッシュな声と体全体から発散されるオーラは並々ならぬ鍛錬の日々を思わせるもので、会場を後にしても昂揚は続いていました。（旭川市「神楽百寿大学」）

◎……砂丘の厳しさ、風紋の美しさ、塩原の底なし沼や木の化石、悲しいラクダの母子の宿命、水を求めての苦労、また、川に砂で道を造ってラクダを渡し、厳寒の中で輪になって暖を取ったり食事をしたり等、数々の苦難の末、目的地に到達して「日中の旗」を囲んでの素晴らしい笑顔を心温まる思いで拝見しました。（旭川市「神楽百寿大学」）

◎……とても八三歳（講演時の年齢）とは思えぬ講師の若々しさ、はりのある声に驚かされました。やはり、生きがいや人生の目標があると、こんなに生き生きしていられるのだと思いました。同時に、自分自身にもっと厳しさが必要であると感じました。（旭川市「神楽百寿大学」）

◎……年齢に関係なく、自分の思い・夢を叶えるには、実際の行動力が必要で、それをみずから体験し、男のロマンを追い続けてきたことは素晴らしくかつ羨ましい講演内容であった。（旭川市「東鷹栖百寿大学」）

お便りを拝見していると、ぼんやりもの思いにふけってしまうことがある。――北満に駐屯されていた方か、いろいろ大変だったなあ……とか、同じように中央アジアをめざしている方がいるのか、頼もしいなあ……とか。

これらの〝声の顔〟〝言葉の思い〟は、たとえ距離はちりぢりに離れていても、私が歩いてきた人生のすぐとなりで、皆さん一人ひとりの旅が確固として続いていたことを教えてくれる。

それを思うと、励ましや共感をしてくれた方々も、古くからの遠い友や、身近な親しい友のように懐かしく感じられてくる。

……〝旅の木霊〟は、胸から胸へ伝わり、さまざまな波紋が新しい波紋を呼んで広がっていく。ぼんやりとそこに立ちつくすどころか、そこからまた別な新たな思いが広がってくる。

胸の奥に響き渡る懐かしい旅の言葉は、オアシスの路上で見知らぬ中国人に「水は持っているのかい？」と励まされ、「謝謝、持っている、ありがとう」とお礼を言い、互いに（おげんきで。さよなら）と手を振り合った、ささやかな出会いと別れにも重なっていくのである。

丘の上の喫茶店

鶴居村《つるいむら》の服部佐知子さんからご連絡をいただいたのは一五年程前のことだ。私は四度目の砂漠行が決まっていた時で、これまでの旅の経過とタクラマカン砂漠探検の詳細をまとめた北海道新聞の取材記事を読んでくれたことがきっかけであった。

そのころ、服部さんは深刻な悩みを抱えていた。そういう時期に、八〇歳近い私が「死の砂漠」へラクダと徒歩で一二〇〇キロを踏破するという紹介記事を目にして、〝ビックリ〟したらしい。「私は精神的に大変な時期にいたのですが、坂東さんの記事を読んで感動して、気がついたら連絡を取っていました。そしてそこから立ち直りのきっかけを掴んだような気がします」ということだった。

電話口で私は、服部さんの抱えている難題について伺ったわけではないが、深刻そうな感じもしたので、「もうダメだ、と思っても、何とか持ちこたえて歩き出すと、またもう少し進める、その繰り返しですよ、探検も、人生も。終わりのない上り下りの長期戦だから、目前の困難に直面しても、とにかく生きて歩いてください。問題突破なんて、そのうち後から何とかなるものですよ。長年生きてきてそう思います」

私は服部さんに、そんなのんびりした禅坊主のような話しをした。

「今は大変かもしれないが、生きていたらいいことも沢山あるから、一日一歩ずつですよ。タクラマカン砂漠からハガキを出しますから、住所を教えてください」

と言って、砂漠から「頭から砂をかぶるような大変な毎日ですが、それでも砂漠探検が楽しい。まだまだがんばって生きています」と言うような文面のハガキを送ると、帰国後に服部さんから返信が届いていた。

『(略)……行ったことのない砂漠と、ラクダに乗った坂東さんの勇姿に思いを馳せ、また一つ元気になることができました。

大きな穴の中に落ち込んだような精神状態から、今は少しずつまた〝ガンバロウ〟という気力が出てきました。

ときどき、生きて行くことはとても大変なことに思われます。

それでも〝人生は素晴らしい……！〟といつも言い続けられるように、好奇心を失うことなく、生きていこうと思っています。

(略)鴨居村の丘の上で、小さな喫茶店をしております。こちらの方へいらしたら、是非お立ち寄りください。心からお待ちしています。

丘の上でとても景色の良いところです。

ハートンツリー　服部佐知子』

鶴居村は、天然記念物タンチョウの生息地として知られ、釧路湿原国立公園と隣接している雄大な観光地である。釧路空港に近く、森林浴や温泉など自然環境が豊かで、酪農・農業でも知られている。服部さんの店では土地の名産を使い、手作りのチーズやパン、ケーキ、軽食などが食べられる。

初夏のある日、私は妻と二人でドライブがてら鶴居村の「ハートンツリー」を訪れた。服部さんの「小さな喫茶店」は絵本に出てくるような可愛らしさで、丘の上からは見渡すかぎり鮮やかな緑が輝いている。

「ほんとーに、いいところだねぇ」

妻のツヤ子はうきうきして上機嫌だ。

「ハートンツリー」の店内に入ると、これまたケーキの中に入ったようなシャレた店内で高原の雰囲気とマッチしている。

笑顔がとても愛らしい女性が「いらっしゃいませ」と迎えてくれた。

私は前年の秋、旅の日記を手作りの文集に作り直して服部さんに届けに来て、その時にお会いしているが、ツヤ子は初対面だ。

私たちは手づくりピザとコーヒーを注文した。

「……おいしいね、本格的。パスタとかカレーとかもおいしそうだね」

「うん、いろいろあるんだ。おしゃれな喫茶店兼村の食堂だから。みんな昼飯を食べにくるからね」

午後2時を少し回ったころだが、それでもぽつぽつ客足が絶えない。用事が終わるとすぐ私たちのテーブルに来てくれた服部さんに、ツヤ子が申し訳なさそうに言った。

「ハートンツリー」服部さんと一緒に　2018 年、8 月

「お仕事しててネ。私たちはいいから」

「美味しいコーヒー飲んで、こうやって窓からの景色見ていれば十分なんだ」

テーブルの席に来た服部さんは、自分から口を開くことはなくニコニコしている。

私は、気にかけていた服部さんの悩みが解決したかどうかを聞いてみた。

「あなたの〝難問〟は解決しましたか？」

「ありがとうございます。いまはなんとか、ノドモト過ギレバで（笑）……」

服部さんは北海道、ご主人は名古屋のご出身だそうだ。お二人は結婚後、名古屋で暮らしていたが、服部さんは子供のころから手づくりの料理やお菓子を出す店を持つことが夢だったと言う。そして、その実現のために、雄大な展望と食材と観光資源に恵まれたこの鶴居村に憧れて移住してきた。ご主人も服部さんの長年の夢に協力しようと同行し、この地で新しい仕事に就いたそうである。

ところが、夢に〝夢中〟になり過ぎて、お店の仕事が始まると家族の世話や子供の教育などのバランスが思うようにできなくなり、ジレンマに陥ってしまったそうだ。

「開店当初は、肩に力が入り過ぎていたんでしょうね。坂東さんから『人生は長丁場だからマイペースでやっていればそのうち何とかなります』って言われてありがたかったです。〝一生〟懸命でいいのに、〝一所〟懸命になりすぎていたのですね、きっと」

私たちは一時間程で辞去して店を出たが、ツヤ子は服部さんが一目で気に入ったらしく、帰り際に「楽しかったわ。また来ますネ」と言葉をかけていた。車が出てから振り返ると、店の前で服部さんがまだ立って手をふっている。

「いい人だね、服部さん。こんどいつ来ようか、お父さん」

「ハハハ。いま、帰り道じゃないか。……観光客の帰った秋の終わりころか、来年の雪解けかなあ」

「服部さんはしっかりした感じの人だね。お店も順調そうだし、お客さんも感じのいい人、多かったよね」

「結局、真面目でぶきっちょだから、悩んだんだね。器用な人なら悩まないさ。おれの人間鑑定では、ぶきっちょな人が成功するんだよ」

「何だかうれしそうだね、お父さん（笑）」

　ツヤ子が遠足気分ではしゃいでいるので、私は自分ばかりあちこち飛び回っていることが申し訳ない気がしてきた。

「これからは母さんともっといろんなところへ行こうなあ……」

「たとえば？」

「温泉とか……」

「温泉いいね……でも、やっぱり、いいよ私は」

「どうしてだ？」

「……私はこうしてお父さんと一緒にいられたらいいんだ……」

「………………」

　本当の王国は家の中にある、あなたは遠くの砂山へ出かけて王国の跡形ばかり探している、と言われたような気がした。


（完）

あとがき

私はこれまでに六回程、中国のタクラマカン砂漠とその周辺を巡る探検の旅に出かけている。本書はその折の砂漠奥地の秘境体験や民族・自然・風物に関する観察記録、交友録等をまとめたものである。六回の旅程を簡略に記すと、

1999（平成11）年……ロプノール砂漠を四輪駆動車で走行。

1999（平成11）年……中国とキルギス国境付近を視察。

1999（平成11）年……中国、モンゴル、ロシア三国の国境付近の北アルタイ地方とジュンガル盆地を視察。

2002（平成14）年……タクラマカン砂漠をラクダで横断する。

2003（平成15）年……タクラマカン砂漠、アルチン山脈、コンロン山脈を探検し、厳寒の氷河地帯で野営を繰り返しラクダで踏破する。

2004（平成16）年……タクラマカン砂漠の秘境北緯三十九度線一二〇〇キロを七三日間でラクダと共に横断する（この模様はＮＨＫ取材班も同行し、ドキュメンタリー番組として日本、中国その他の国でも放送され注目を浴びた）。

これらの旅の間中、私は目覚めるとすぐに、テントであれ寝袋であれホテルであれ、どこにいてもそのままの態勢で、前日に身に起きた出来事や、風物の印象、観察等を覚えている限り詳細に記録し続けた。帰国すると、それらの資料をもとに北見新聞社の連載記事「さまよえる湖を求めて」や『経済の伝書鳩』誌上に「タクラマカン砂漠横断日記」等が掲載されることになり、また北海道を中心に一〇〇近い数に上る各地での講演によりさまざまなご報告をさせていただいた。本書はそれらの体験をもとにして、生死と隣り合わせに過ごした〝我がキャラバンの探検と生活〟をもう一度見つめなおした心の軌跡である。

二〇一九年現在、私は九三歳となり、〝シルクロード・タクラマカン砂漠〟への旅も帰国後一五年近い年月を数え、その間には二〇〇九年に妻・ツヤ子が永眠した。「死の砂漠・タクラマカン」は旅の途上でさまざまな人と風物に出会い、帰国後もそれがご縁で多くの方々との交流をもたらしてくれたから、私にとっては〈死の砂漠〉ではなく、〈豊かな実りをもたらす生《せい》の砂漠〉であった。それらの日々は今、過ぎ去った夢ではなく、現在に続く生活であり、明日の果実をもたらす希望でもある。

本書の出版に際しては、帰国後にいろいろとご指導いただいた北海道新聞社、北見新聞社、経済の伝書鳩各社の編集部、各地で講演会に招いてくれた企画関係者、そして聴衆の皆さまにも心から感謝の意を表します。カバー、文中の写真は隊員の皆様から寄せられたものを使わせていただきました。ありがとうございました。本書の出版に際してご協力いただいた青山ライフ出版編集部の宮崎克子様、編集に協力していただいたデザイン会社メディットの伊藤広実様にも深くお礼を申し述べます。

二〇一九年　春

坂東　招造

秘境タクラマカン砂漠を行く

著者　坂東 招造

監修　秋山 豊子

発行日　2019年4月3日

発行者　高橋 範夫
発行所　青山ライフ出版株式会社
〒108-0014
東京都港区芝5-13-11　第2二葉ビル401
TEL：03-6683-8252　FAX：03-6683-8270
http://aoyamalife.co.jp
info@aoyamalife.co.jp

発売元　株式会社星雲社
〒112-0005　東京都文京区水道1-3-30
TEL　03-3868-3275　FAX　03-3868-6588

装幀　杉下 城司

印刷／製本　モリモト印刷株式会社

ISBN978-4-434-25351-5